AF155843

Adolf Fleischmann

Zur Geschichte des Herzogthums Sachsen-Coburg-Saalfeld

Adolf Fleischmann

Zur Geschichte des Herzogthums Sachsen-Coburg-Saalfeld

ISBN/EAN: 9783742890054

Hergestellt in Europa, USA, Kanada, Australien, Japan

Cover: Foto ©ninafisch / pixelio.de

Manufactured and distributed by brebook publishing software
(www.brebook.com)

Adolf Fleischmann

Zur Geschichte des Herzogthums Sachsen-Coburg-Saalfeld

Zur Geschichte

des

Herzogthums

Sachsen-Coburg-Saalfeld,

enthaltend die Geschichte

der gefürsteten Grafschaft Henneberg,

der Herrschaft Saalfeld,

der landständischen Verfassung in Coburg

bis Ende des 18. Jahrhunderts.

— ◆ —

Nach seinen Vorträgen bearbeitet

von

Adolf Fleischmann.

— — —

Zweites Heft.

— ◆ —

Hildburghausen.

Verlag der Kesselring'schen Hof-Buchhandlung.

Die

Gefürstete Grafschaft Henneberg.

I.

Daß ich den Lauf der geschichtlichen Darstellung unseres Herzog=
thums durch das Lebensbild des Prinzen Friedrich Josias von Coburg=
Saalfeld unterbrochen und Sie, hochgeehrte Versammlung, mit dieser
Episode auf ein weit über die Grenzen unseres Heimathlandes hinaus
liegendes Feld der Geschichte geführt habe, ließ sich recht wohl durch
die Persönlichkeit des Prinzen und dadurch entschuldigen, daß er nicht
nur auf dem europäischen Kriegsschauplatz eine bedeutende Rolle spielte,
sondern auch in unserer coburgischen Geschichte und namentlich in
unserem Fürstenhaus als höchst bedeutender Mann einen Mittelpunkt
darstellte, um den sich in schwerer Zeit fast Alle sammelten. Dafür
erwarten Sie wohl auch, daß ich mich bemühen würde, Ihnen nunmehr
den weiteren Verlauf unserer engeren Geschichte zu erzählen und nament=
lich Sie in die ereignißreichen ersten Jahre des neunzehnten Jahrhun=
derts einzuführen. Aber abgesehen davon, daß Sie selbst die große
Schwierigkeit dieser letzten Aufgabe fühlen und so richtig zu würdigen
wissen, daß ich hierüber kein Wort zu sagen nöthig habe, werden Sie
mir vielleicht Recht geben, wenn ich vorziehe, das bisher Erzählte nach
Möglichkeit erst zu vervollständigen und das geschichtliche Material der
vorigen Jahrhunderte ganz zu erschöpfen. Das ist der wesentliche
Grund, weshalb ich erst noch versuchen will, Sie vor der Erzählung
unserer neusten Geschichte mit der wenig bekannten Geschichte der Graf=
schaft Henneberg und der Herrschaft Saalfeld, die mit der
coburgischen Geschichte in mehr als einer Hinsicht in ziemlich engem
Zusammenhang steht, und mit den Anfängen und ersten Entwickelungen
unserer landständischen Verfassung zu unterhalten.

1

Freilich muß es Ihnen auffallen, daß ich dies erst jetzt unternehme, nachdem ich schon erzählt habe, daß die alte Pflege Coburg einst und ursprünglich zu jener Grafschaft gehört hat. Es hätte also wohl näher gelegen, die Geschichte der letzteren vorauszuschicken, statt sie jetzt nach= zuholen. Ich habe jedoch den letzteren Weg nicht ohne Grund ein= geschlagen. Es lag mir nämlich daran, zunächst Ihr Interesse für die heimathliche Geschichte theils wachzurufen, theils aufzufrischen und neu zu beleben, nachdem dasselbe durch die von uns selbst erlebte große Zeit nothwendig hat abgeschwächt werden müssen. Diesen Zweck hätte ich durch Vorträge über Henneberger und Saalfelder und vollends über landständische Geschichte zuverlässig nicht erreicht und Sie werden sich selbst nachher davon überzeugen. Jetzt, wo zu meiner größten Freude durch die fünf ersten Vorträge Sie Ihre Theilnahme unserer heimathlichen Geschichte wieder zugewendet haben, werden Sie bald die Punkte herausfühlen, an denen sie mit der Geschichte Saalfelds und der Grafschaft Henneberg zusammenhängt. Schon jetzt aber will ich Sie auf die wesentlichsten aufmerksam machen. Es ist einmal die ehe= malige Zugehörigkeit Coburgs zur sogenannten neuen Herrschaft Henne= berg, sodann die Lostrennung Coburgs von derselben und endlich der später von den fürstlichen und kurfürstlich sächsischen Häusern erne= stinischer und albertinischer Linie lange und eifrig geplante und schließ= lich auch erreichte Erwerb des nach dem Aussterben der Henneberger noch übrigen Theiles ihrer Grafschaft *). Der Zusammenhang unserer Geschichte mit Saalfeld ist zum größten Theil bekannt und früher schon eingehend besprochen. Ich deute aber jetzt überdies noch an, daß die Beziehungen Coburgs zu Saalfeld schon in sehr früher Zeit bestanden haben, wie wir aus der Geschichte selbst kennen lernen werden.

Warum würde ich denn aber meinen vorhin erwähnten Zweck nicht erreicht haben, wenn ich von diesem Zusammenhang und von der Henne= berger und Saalfelder Geschichte überhaupt gleich im Anfang gespro= chen hätte?

Diese Geschichte, und namentlich die Henneberger, ist, für sich allein betrachtet, nichts weniger als anziehend. Dem Gelehrten und dem Forscher par **excellence** bietet sie freilich vielen Stoff und viele

---

*) Deshalb führen die betreffenden sächsischen Herzöge auch den Titel „ge= fürstete Grafen von Henneberg". — Warum ihn auch die Könige von Preußen führen, werden wir nachher finden.

Räthsel, namentlich in geographischer, genealogischer und archäologischer Beziehung. Aber uns, die wir in der Geschichte zunächst einen Puls= schlag des Lebens vergangener Zeiten zu fühlen begierig sind und denen es ziemlich gleichgültig ist, ob dieser oder jener Graf von Henne= berg drei oder vier Kinder gehabt, ob und warum er dies oder jenes Zeichen in seinem Wappen geführt, oder ob und wie lange er dies oder jenes Dorf besessen hat u. dergl. — wir finden an dieser Geschichte nur Interesse, einmal, wenn wir jenen Zusammenhang derselben mit der sächsischen und unserer coburgischen Geschichte aufsuchen und sodann, wenn wir in ihr eines von den vielen Bildern finden, aus deren Summe uns eine klare Erkenntniß des damaligen factischen und staatsrechtlichen Zustandes unseres großen deutschen Vaterlandes überhaupt und ein Bild der Beziehung erwächst, in dem das deutsche Reich und die deut= schen Kaiser zu den einzelnen Theilen desselben und zu den sie reprä= sentirenden fürstlichen Persönlichkeiten gestanden haben.

Hiermit habe ich Ihnen einigermaßen die Richtung und die Grenzen angedeutet, die ich bei der Erzählung der Geschichte der Herrschaft Saalfeld und der Grafschaft Henneberg so viel wie möglich einhalten werde und auch einhalten muß, um Ihr Interesse und Ihre Theilnahme zu gewinnen und mir auch für diesen Gegenstand zu sichern. Kleine Abschweifungen und Episoden werden sich freilich nicht vermeiden lassen. Das Mittel zu jener Erkenntniß liegt ja ohnehin hauptsächlich in dem Studium der Spezialgeschichte und für uns ist gerade die henneberg'sche hierzu ganz besonders geeignet. Es haben ja auch in keinem europäi= schen Staat jene einzelnen Theile, Grafschaften, Fürsten= oder Herzog= thümer u. s. w. eine so große geschichtliche und politische Bedeutung gewonnen, als bei uns in Deutschland. Uns haben sie erst zum Staatenbund und dann zum Bundesstaat geführt, zu dem groß= artigsten und segensreichsten Staatsbegriff, wenn er die richtige Ver= fassung erhält und geniale Staatsmänner findet. Die übrigen Staaten Europa's haben schon sehr bald ihre ursprünglichen Bestandtheile zur politischen Nichtigkeit herabgedrückt und sind centralisirte Staaten ge= worden, die wir jetzt nicht mehr um ihre Verfassungen beneiden wollen.

Das geringe Interesse, welches die Saalfelder und Henneberger Geschichte an sich bietet, findet auch darin seinen Grund, daß der geo= graphische Umfang beider Territorien ein sehr wechselnder gewesen ist und sich in ältester Zeit nur mit wenig Sicherheit feststellen läßt, so daß ich es unterlasse, Sie im Zusammenhang damit bekannt zu machen,

1*

vielmehr erst im Laufe der Geschichte selbst nach und nach Ihnen ein möglichst klares Bild desselben vorzeichnen werde. Dazu kommt endlich, daß die henneberg'sche Geschichte schon mit dem sechzehnten bezw. siebenzehnten Jahrhundert zu Ende geht, weil es von dieser Zeit an keine Grafschaft Henneberg mehr gibt. Dies würde zwar an und für sich uns nicht berechtigen, ihr unser Interesse zu entziehen, denn ähnliche todte und abgeschlossene Theile der geschichtlichen Wissenschaft gibt es ja viele — die Geschichte Roms und Griechenlands bieten die bedeutendsten Beispiele. Aber Henneberg war und blieb eine Grafschaft, ohne irgendwelche größere politische, in die Verhältnisse des Reichs eingreifende Bedeutung, fast ganz ohne fortschreitende Entwickelung in sich selbst. Es war ein Ländercomplex, der eben nach den Begriffen jener Zeit wohl oder übel von seinen Inhabern verwaltet und ausgenützt, und der je nach Bedürfniß, Laune, Geschick und Macht seiner Grafen bald vergrößert, bald verkleinert, getheilt, zusammengeschmolzen, vererbt, verkauft, vertauscht, als Heirathsgut benutzt, erobert und wiedererobert, kurz: wie eine Sache behandelt, kaum aber als Staat zum Gegenstand höherer politischer Thätigkeit seiner Grafen erhoben wurde. Es ist also nicht nöthig, hervorzuheben, wie wesentlich sich hierin die Geschichte Hennebergs zu ihrem Nachtheil von der Geschichte anderer vorhin angedeuteter ebenfalls untergegangener Ländergruppen oder gar Staaten, vollends wie Rom und Griechenland, unterscheidet und wie viel mehr die Vergangenheit Coburgs unsere Theilnahme erwecken muß, welches ursprünglich gerade so wie Henneberg in der Geschichte figurirt, sich aber nach und nach zum Staat erhoben und als solcher in der neusten Zeit mit dem auf's Aeußerste verfeinerten und angespannten Staatsbegriff seine Stelle in der Reihe der übrigen deutschen Staaten gefunden hat.

Abgesehen von dem Standpunkt des Interesses, habe ich aber auch geglaubt, daß es für das Verständniß und die klare Erfassung sowohl der Henneberger und Saalfelder als auch der sächsischen Geschicke dienlicher ist, sie getrennt von einander, jede für sich allein darzustellen, was keineswegs ausschließt, die Berührungspunkte beider hervorzuheben und kennen zu lernen, ja, erst bei dieser getrennten Behandlung werden letztere im vollen Lichte erscheinen können. Diese Rücksicht schien es mir nicht minder nöthig zu machen, nicht mit jener Geschichte anzufangen, sondern sie dem bisher Erzählten folgen zu lassen.

Aus der ältesten Zeit des Mittelalters wissen wir von der henne= bergischen Geschichte, von der ich zuerst reden will, verhältnißmäßig mehr, wie von der coburgischen. Wir wissen z. B. von Meiningen, was wahrscheinlich Jeder von Ihnen für ein hennebergisches Stamm= land hält, weil in seiner Nähe die Ruinen des Schlosses Henneberg liegen, daß es im elften Jahrhundert noch gar nicht zu Henneberg ge= hörte, daß es vielmehr im Anfang als königliche Villa oder Reichs= domäne mit den umliegenden Gütern und Ortschaften den Gaugrafen, des Grabfelds zur Aufsicht unterworfen war. Als nun Kaiser Hein= rich II., der bekannte Erbauer des Domes zu Bamberg, dort im Jahr 1007 ein neues Stift gründete und mit nahgelegenen, dem Stift Würz= burg gehörigen Gütern ausstatten wollte, so konnte er dies nur durch einen Tauschvertrag mit dem Bisthum Würzburg erreichen. Er trat nämlich die Reichsdomäne Meiningen mit Wallbdorf gegen jene Güter. an Würzburg ab und erwarb so diese letzteren für das Stift Bamberg. Erst viel später (1541) vertauschte Würzburg das vom Kaiser erhan= belte Schloß Meiningen mit den umliegenden Ortschaften an einen tief verschuldeten Grafen Wilhelm von Henneberg, der dafür dem Stift das schöne henneberg'sche Schloß und Amt Mainberg bei Schweinfurt über= ließ. Ueber das Schloß Henneberg bei Meiningen kann ich Ihnen nur mittheilen, daß man die Zeit seiner Erbauung nicht kennt, daß es aber das Stammschloß der Henneberger und nächst der Coburg wohl das bebeutendste in der Gegend war, sowie daß es jedenfalls 1037, schon stand und im Bauernkrieg verwüstet wurde.

Die Genealogie der Grafen von Henneberg läßt sich ziemlich sicher bis in das Jahr 1078 zurückverfolgen, wo ein Graf Popo I. von. Henneberg in einem Treffen bei Mellrichstadt seinen Tod fand. Alle biese Grafen waren sogenannte Gaugrafen, also höchste kaiserliche Statt=. halter im Grabfeld, bis sie durch die Erblichfeit dieser Würde ihre eigenen reichbegüterten Herren wurden. Für unseren Zweck ist aber nur von Bedeutung, daß dieser Popo I. der Urahne eines Grafen Popo VII. war. Dieser Graf Popo VII. ist der Stammvater ber= jenigen beiden Hauptlinien des Grafengeschlechtes von Henneberg, um welche sich die ganze Darstellung ihrer Geschichte zu gruppiren hat. Die eine Linie kann man die coburgische nennen und sie wird auch. von den betreffenden Schriftstellern so bezeichnet. Ein Graf Hermann I. eröffnet dieselbe. Die andere Linie ist die althenneberg'sche; ihr, Gründer ist ein Graf Heinrich III. Beide Linien wurden 1245 er=

öffnet. Diese althenneberg'sche Linie zerfällt wieder nach einer 1274 vollzogenen Theilung in den Hartenberger, Aschacher und Schleusinger Stamm und in diesem letzteren gingen die beiden ersteren bald Einer nach dem Anderen auf.

Wir müssen hierbei besonders festhalten, daß jener Stammvater, Graf Popo VII., zweimal vermählt war und neben mehreren Kindern aus beiden Ehen je einen Sohn hatte, deren jeder eine der beiden so eben erwähnten Hauptlinien eröffnete. Beide hatten nach des Vaters Popo VII. Tod mit einander abgetheilt, und diese beiden Söhne sind eben die Grafen Hermann I. und Heinrich III., die ich vorhin genannt habe. Durch das strenge und scharfe Auseinanderhalten dieser beiden Söhne (also Stiefbrüder) und ihrer Linien gewinnen wir einen ziemlich sicheren Leitfaden, der uns durch das genealogische und territoriale Labyrinth der Grafen von Henneberg und ihrer Ländereien hindurch führen wird. Das territoriale Labyrinth können wir aber auch erst deutlich übersehen, wenn uns die Genealogie in den Hauptlinien klar geworden sein wird. Der Sohn erster Ehe Popo's VII. war Hein= rich III. Er hat zunächst mit unserer coburgischen und der sächsischen Geschichte überhaupt noch gar nichts zu schaffen. Erst spätere Herren seiner Linie treten zu ihr in nahe Beziehungen. Der Sohn zweiter Ehe war Hermann I. Während wir nun Heinrich's III. Linie vor= läufig nicht weiter berücksichtigen, müssen wir diejenigen des Hermann I., also die sogenannte coburger Linie, desto genauer verfolgen. Seine Mutter war eine Landgräfin von Thüringen und Wittwe eines Mark= grafen Dietrich von Meißen, als sie mit Popo VII. in dessen und ihre eigene zweite Ehe trat. Sie hinterließ ihrem Sohn Hermann I. die Anwartschaft auf ihre thüringischen Besitzungen, die aber nicht allenthalben und in ihrem ganzen Umfange anerkannt gewesen sein mögen und für die er zur theilweisen Abfindung die Herrschaft Schmalkalben erhalten zu haben scheint, die er zuverlässig besaß, während die Pflege Coburg noch nicht in seinem Besitz, sondern wahrscheinlich noch in den Händen der damals höchst angesehenen und reichen Herren von Wild= berg war. Er starb schon 1290 auf Schloß Strauf, das ist Strauf= hain bei Rodach, und hinterließ zwei Kinder, einen unbedeutenden Sohn, Popo VIII., der ihn nur kurze Zeit überlebte und des Vaters Länder übernommen hatte, und eine Tochter, Jutta, vermählt mit einem Markgrafen von Brandenburg, Otto der Lange. Da jener Sohn kin= berlos starb, fielen seine Besitzungen an die Schwester Jutta von Bran=

denburg, die sie ihrem Gemahl als Heiraths§gut zubrachte (1291), so, daß dieser Theil der ganzen Graffchaft Henneberg — es mag so ziemlich die öſtliche Hälfte geweſen ſein — von Henneberg abgetrennt wurde und in brandenburg'ſchen Besitz gelangte. Nach Jutta's Tod beerbte ſie ihr Sohn, Graf Hermann II. von Brandenburg, der vier Töchter hinterließ. Zu ſeinem Theil der jetzt brandenburg'ſchen Graffchaft gehörte nunmehr auch ſchon die Stadt und Veſte und einzelne Besitzungen der Pflege Coburg. Dieser Graf Hermann II. hat auf hiesiger Veſte reſidirt und war vermuthlich Derjenige, von dem die Ihnen ſchon bekannte Sage die ſchauerliche Scene von der Hinrichtung der zwölf Jünglinge und von dem an dem Mönch auf dem Umgang des Moritzthurmes in Coburg vollzogenen Strafgericht meldet. Es ſchien, als ſollten nun die Brandenburger neben den Hennebergern fortan die, Inhaber des einen Theils der großen Graffchaft Henneberg bleiben*). Da fügte es sich, daß die eine der vier Töchter dieses Grafen Hermann II. von Brandenburg, nämlich wieder eine Gräfin Jutta, ihren Vetter, den Grafen Heinrich VIII. von Henneberg, einen Nachkommen (nämlich den Urenkel) jenes Heinrich III., des Sohnes erſter Ehe Popo's VII., heirathete. Heinrich VIII., Jutta's Gemahl, war der Sohn eines Grafen Berthold VII. von Henneberg, der wohl eine der bedeutendſten Perſönlichkeiten unter allen Grafen von Henneberg ist und der ſchleuſinger Linie angehörte. Berthold ſetzte Alles daran, die Brandenburger wieder aus der Graffchaft Henneberg zu entfernen und ihren Antheil für das Haus Henneberg und namentlich für ſeine eigene Familie und Linie zurück zu erwerben. Um dies zu erreichen, verheirathete er ſeinen Sohn, Heinrich VIII., mit jener Gräfin Jutta von Brandenburg, der einen der vier Töchter Hermann's II., und kaufte deren drei Schweſtern aus, wodurch er den ganzen brandenburger Antheil mit den Herrſchaften Coburg und Schmalkalden wieder erwarb und ihn mit den übrigen Besitzungen der ſchleuſinger Linie ſeinen beiden Söhnen Heinrich VIII. und Johann I. hinterließ, die wir nachher in der ſpeciellen Geſchichte der ſchleuſinger Linie wieder finden werden. Aus der Ehe des Grafen Heinrich VIII. mit Gräfin Jutta von Brandenburg ſind abermals keine Söhne und nur vier Töchter entſproſſen,

---

*) Schon hieraus erklärt es ſich, daß die Könige von Preußen ſich im Geſammttitel auch „gefürſtete Grafen von Henneberg" nennen. — Den anderen Erklärungsgrund werden wir nachher kennen lernen.

von denen die jüngste, Gräfin Anna, im Kloster zu Sonnefeld starb; ihr Leichenstein — sie war lahm, was auf dem Stein ausgedrückt ist — wird noch heute in der Klosterkirche gezeigt. Die drei anderen Töchter sind die Ihnen aus dem ersten Vortrag der coburgischen Geschichte schon bekannten drei reichen Erbtöchter, Elisabetha, Gemahlin des Grafen Eberhardt von Württemberg, Katharina, Gemahlin des Markgrafen Friedrich's des Strengen von Meißen, Sophie, Gemahlin des Burg= grafen Albrecht von Nürnberg. Diesen Burggrafen Albrecht von Nürn= berg, also einen Urahnen der Hohenzollern, wollen wir im Auge be= halten, nicht nur weil in seinem Erwerb eines Theils der Grafschaft Henneberg der vorhin angedeutete Erklärungsgrund für den Titel der Könige von Preußen als „gefürstete Grafen von Henneberg" liegt, sondern auch weil ein früheres Liebesverhältniß dieses Burggrafen mit der Gräfin Agnes von Orlamünde uns das bekannte Erscheinen der weißen Frau in Berlin verstehen läßt, worauf ich später zurück= kommen muß.

Dadurch, daß Graf Berthold VII. durch seine soeben erwähnte Politik die an Brandenburg gefallenen Besitzungen den vier Branden= burger Erbtöchtern durch Heirath und Kauf wieder abgerungen hatte, war ein neuerworbener Besitz einschließlich mehrerer anderer, noch außer= dem gekaufter und getauschter Güter geschaffen worden, der die neue Herrschaft hieß. Unter diesem Namen wurde Jutta nach dem Tode ihres Gemahls, Heinrichs VIII., vom Kaiser Carl IV. mit dem ge= sammten Complex beliehen. Mit ihrem Schwager, dem vorhin erwähnten Johann I., hatte sie den Nachlaß ihres Schwiegervaters, Bertholds VII., abgetheilt und als „neue Herrschaft" erhielt sie: Coburg, Hohen= stein, Heldburg, Strauf, Königsberg, Sternberg, Wild= berg, Rotenstein, Irmelshausen, Münnerstadt, Kissingen, Steinach, Schildeck, Schmalkalden, Hilburghausen, Eisfeld, Neustadt, Rodach, Ummerstadt, Sonneberg, Neuhaus, Füll= bach, das halbe Scharfenberg, Breitungen, das halbe Schwein= furt, und zwar dies Alles je mit den umliegenden kleineren Dörfern und Ortschaften. Das Schicksal dieser neuen Herrschaft und der coburger Linie kennen Sie bereits. Die Herrschaft fiel nach Jutta's Tod, 1353, auf deren drei Erbtöchter und ihre Eheherren, ging in deren übrigen Besitzungen auf, wurde also gänzlich von Henneberg abgetrennt und entzieht sich deshalb zum größten Theil unserer ferneren Betrachtung. Nur einzelnen Bestandtheilen derselben, z. B. Schmalkalden und Münner=

ſtabt werden wir ſpäter wieder begegnen und aus dem Meißener Antheil entwickelte ſich das Herzogthum Coburg.

Der Schwager Jutta's, Johann I., ſchleuſinger Linie, erhielt bei jener Theilung Henneberg, Maßfeld, Roßdorf, Nordheim, Völkershauſen, Frankenberg, Waſungen, Themar, Schleu=ſingen, Mainberg, Ilmenau, Elgersburg, die andere Hälfe von Scharfenberg und Schweinfurt, Barchfeld und Wernshauſen, ebenfalls mit vielen umliegenden Zugehörungen. Dieſe höchſt merk=würdige und richtige Theilung geſchah im Jahre 1347 und die noch , vorhandene Urkunde iſt datirt vom 21. September des genannten Jahres. Wir kennen alſo jetzt den damaligen Umfang der Grafſchaft Henneberg, mit Ausnahme der zu der vorhin erwähnten Aſchacher und Harten=berger Linie gehörigen Beſitzungen; aber mit Einſchluß des Umfangs der ſchleuſinger Ländereien — wie er 1347 beſtand —, denn der Vater des oben erwähnten Grafen Johann I., jener Berthold VII., gehörte ja der von Hartenberg und Aſchach 1245 ſchon abgetrennten ſchleuſinger Linie an. Der hier folgende Stammbaum mag die Ueber=ſicht erleichtern:

```
                  1.      Popo VII.      2.
           Heinrich III.              Hermann I.
Berthold V.   Hartenberg. Aſchach.   Popo VIII.  Jutta.  Otto der Lange
v. Schleuſingen.                                         v. Brandenburg.
Berthold VII.                                    Hermann II.
Johann I.  Heinrich VIII.                            Jutta.  |  |  |
      Sophie.    Eliſabetha.    Katharina.   Anna.
```

Wir gehen nun auf die im Gegenſatz zur neuen Herrſchaft ſog. althenneberg'ſche Linie des Grafen Heinrichs III. zurück, welcher 1245 mit ſeinem Stiefbruder Graf Hermann I., dem Stifter der coburger Linie, abgetheilt hatte. Als dieſer mit Hinterlaſſung von ſechs Kindern ſtarb, wurden ſeine drei Töchter abgefunden. Die drei Söhne theilten 1274 die Beſitzungen des Vaters unter ſich und ſtifteten die drei alt=henneberg'ſchen, die ſchleuſinger, die hartenberger und die aſchacher Linie, und zwar Graf Berthold die erſte, Graf Heinrich IV. die zweite, Graf Hermann die dritte. — Zur aſchacher Linie wurde geſchlagen Schloß Aſchach, Ebenhauſen, Schloß Düngen, Sulzfeld, halb Münnerſtadt und halb Saal mit vielen anderen kleineren Dörfern und Höfen. Dieſe Linie wird ſpäter die Römhilder genannt. Auf die hartenberger Linie fiel Schloß Hartenberg bei Römhild, Stabt und Schloß Römhild, Osterburg bei Themar, halb Themar, Haltenberg, Schwarza, halb Benshausen. Dieser Complex der hartenberg'schen Linie fiel später durch Kauf an die Aschacher Linie, die also auch Römhild erwarb und deshalb nach dieser Stadt, die der bedeutendste Platz war, römhilder Linie genannt wurde. Auch sie verschwand bald unter den Besitzungen anderer Herren, namentlich gelangte sie durch Pfand und Kauf in die Hand der Bischöfe von Würzburg, der Grafen von Mansfeld und der sächsischen Herzöge und es blieb nur die schleusinger Linie als Repräsentantin des alten Grafengeschlechts übrig, bis auch sie ausstarb und in der Mitte des siebzehnten Jahrhunderts an Hessen und an die sächsischen und kursächsischen Fürsten fiel. Die schleusinger Linie hatte erhalten das Stammschloß Henneberg, die Aemter und Städte Schleusingen, Suhl, Maßfeld, Wasungen, Sand, Kaltennordheim, Behrungen, halb Themar, die Hälfte der Cent Benshausen und das halbe Gericht Kaltennordheim. Hierbei müssen wir aber festhalten, daß der so eben gelieferten Aufzählung der Ländereien der drei althennebergischen Linien die Theilung von 1274 zu Grund liegt. Der 1347 an Johann I. von Schleusingen gefallene Ländercomplex stimmt wegen so mancher seit 1274 stattgefundenen Territorialveränderungen mit dieser Aufzählung der schleusinger Besitzungen natürlich nicht mehr überein.

Die skizzirten Züge mögen Ihnen ein vorläufig genügendes Bild der Geschichte der einzelnen Linien der henneberger Grafen und ihrer Besitzungen geben; im Einzelnen werde ich Sie nachher mit Ihren Schicksalen unterhalten. Bevor ich aber jede der verschiedenen Linien zum Gegenstand eingehender Erzählung machen kann, wird es sich lohnen, noch einige sie Alle gemeinsam berührende Verhältnisse zu besprechen.

Wir finden nämlich, abgesehen von den bis jetzt erzählten Theilungen der hennebergischen Ländereien, die nur die Eröffnung von abgezweigten Linien oder Stämmen zum Zweck hatten, daß in diesen Linien selbst schon sehr früh fast immer das Recht der Erstgeburt zur Geltung kam und eine Ländertheilung nicht stattfand. Der älteste Sohn folgte dem Vater in der Regierung, die Töchter gingen in Klöster, die jüngeren Söhne widmeten sich dem geistlichen Stand. Ein geschriebenes, verbrieftes Recht war dies freilich nicht, denn man findet, daß die Töchter und die jüngeren Söhne gewöhnlich auf ihre Rechte

am Mitbesitz der vererbten Herrschaft durch förmliche Entsagungs=
urkunden verzichteten und sich mit Renten oder Kapitalien oder
Pfründen abfinden ließen. Diese kluge Gewohnheit wurde durch lang=
jährige Uebung geheiligt, so daß es gar keine Schwierigkeiten hatte,
die Abzufindenden zum Verzicht zu bewegen. Hätten sich mehr be=
deutende Persönlichkeiten unter den Grafen von Henneberg befunden,
hätten nicht die Wenigen, die zu den Tüchtigen zählen, fast ohne Aus=
nahme das Leben am Hof und in der Begleitung der Kaiser einer
inneren Regierungsthätigkeit vorgezogen und wäre nicht dem Hause
Henneberg eine blühende Nachkommenschaft versagt geblieben, so würde
das Erstgeburtsrecht die Grafschaft zu einem der bedeutendsten Terri=
torien des Reichs erhoben und ihr einen ungeheuren Vorsprung vor
den sächsischen Fürstenthümern gewährt haben, die bekanntlich der Rechts=
übung der Erstgeburtssuccession lange Zeit fernstehend nach dem Tod
jedes Fürsten das Land nach der Zahl der Kinder theilten, an dieser
Arbeit unendlich viel Zeit und Mühe vergeudeten und jeden Keim ge=
sunden Aufblühens ihrer Territorien erstickten. Als diese nun anfingen,
sich zu Staaten, wenn auch unter Kaiser und Reich stehend, zu erheben
und politische Bedeutung zu gewinnen, waren die einzelnen Linien des
henneberger Grafengeschlechts bereits ausgestorben. Zur Zeit Herzog
Casimir's von Coburg, der sein Land zu einem Staat erhob, ging der
letzte Graf von Henneberg schon heim.

Dies führt uns von selbst zu der Frage, welche staatsrechtliche
Stellung im deutschen Reich die Grafschaft Henneberg eingenommen
habe? Im Anfang, d. h. im neunten und zehnten Jahrhundert, waren
die Besitzungen der Grafen große Güter derselben und es stand ihnen
also das volle Eigenthumsrecht an Grund Boden zu. Sie wissen ja
aus einem früheren Vortrag, wie die deutschen Könige ihrem hohen
Adel solche Güter eigenthümlich statt Soldes für ihre Kriegs= und
friedlichen Verwaltungsdienste überließen. Andere Güter dagegen er=
hielten sie nur zum Nießbrauch übergeben, aber sie machten sie bald zu
erblichem Eigenthum. Wieder andere erhielten sie theils vom Kaiser,
theils von den Bisthümern Würzburg und Bamberg und anderen
Stiftern, z. B. Fulda und Hersfeld gleich von vornherein zu Lehn
gereicht. In all' diesen Besitzungen schalteten und walteten die alten
Grafen von Henneberg höchst autokratisch, sie waren unumschränkte
Herren, wie alle übrigen Territorialherren Deutschlands in jener Zeit.
Jenes Eigenthumsrecht an Grund und Boden wurde aber allmälig

verwischt; man legte keinen besonderen Werth darauf, weil ja der Genuß der Besitzungen für die Grafen derselbe war, mochten sie ihnen zu vollem Eigenthum angehören oder nur zu Lehn gereicht sein. Ja, der Lehnsverband erschien in jener Zeit, wo Recht und Macht identisch waren, sogar vortheilhafter, weil aus ihm eine Schutzverpflichtung des Lehnherrn den Vasallen gegenüber entsprang und so kam es, daß die späteren Grafen und jedenfalls nach ihrem Aussterben die Nachfolger derselben, nämlich die Landgrafen von Hessen und die sächsischen Fürsten und Kurfürsten, ihre sämmtlichen Besitzungen dem Kaiser zu Lehn auf= trugen, was wir noch aus vorhandenen Lehnbriefen deutlich erkennen. Ihre Reichslehen empfingen die alten Grafen auf den Reichstagen, wo sie im Anfang nur zu diesem Zweck, später aber bald als Zeugen bei Ausstellung wichtiger Urkunden, bald als Theilnehmer an den Reichs= tagsbeschlüssen, wie die übrigen Reichsfürsten, erschienen. Mit diesen Rechten theilten sie auch die Lasten der letzteren, indem sie je nach ihrem Vermögen Mann und Roß zum Kriegsdienst für Kaiser und Reich stellen mußten. Sie standen also thatsächlich den Reichsfürsten gleich, ließen Münzen mit ihrem Bildniß prägen und erließen Gesetze im Sinn jener Zeit. Von Münzen kennen wir kleine Scheidemünzen und henneberger Thaler, von deren Gepräge wir Abbildungen besitzen. Eine Art Strafgesetzbuch ist in der henneberg'schen Landesordnung ent= halten, die im Jahr 1539 unter dem Titel „Der fürstlichen Grafschaft Henneberg Landesordnung" veröffentlicht wurde und von dem damaligen henneberg'schen Kanzler Johann Gemeln verfaßt war. Es scheint aber auch eine sogenannte peinliche Halsgerichtsordnung im Anfang des sechzehnten Jahrhunderts existirt zu haben. Aufgefunden worden ist sie meines Wissens bis heute noch nicht. Die Landesordnung hat Graf Wilhelm VI. schlensinger Linie erlassen. Sie führt den Titel „Der fürstlichen Grafschaft Henneberg Landesordnung", weil die schlen= singer Linie durch kaiserlichen Gnadenact schon im Jahr 1310 mit dem Fürstentitel beehrt und in Ansehung aller politischen Rechte und Pflichten den Reichsfürsten ausdrücklich gleichgestellt worden war. Zwi= schen Grafschaften und Fürsten= oder Herzogthümern im deutschen Reich bestand nämlich ein Unterschied. Dem Grafen stand die Justizhoheit, der Gerichtsbann, in seiner Grafschaft zu, nicht aber die Militärhoheit, der Heerbann. Wer Beides besaß, war Fürst oder Herzog. In der Justizhoheit war der Inhalt der Landeshoheit überhaupt inbegriffen. Der Heerbann gehörte nicht nothwendig zu derselben. Die Grafen ge=

hörten zu den mit dem Vertrauen des Königs beehrten Dienern seiner
Macht, die er für ihre Dienste mit eroberten Gütern belohnte und be=
lehnte und mit dem Gerichtsbann betraute. So lange dies vom König
selbst geschah, waren die Grafen zugleich Reichsstände. Als späteren
Grafengeschlechtern aber ihr Gerichtsbann von den Herzögen verliehen
wurde, in deren Bezirk ihre Grafschaften lagen, hatten diese Grafen
niederen Ranges keinen Sitz im Reichstag. Zu den ersteren gehören
die Grafen von Henneberg; deßhalb standen sie schon als solche den
Reichsfürsten gleich und ihre Erhebung in den Fürstenstand verlieh
ihnen nur persönliche Ehre, aber keine höheren politischen Rechte.

Abgesehen von der Justizhoheit unserer Grafen, von welcher ich
nachher noch besonders reden werde, ruhte eigentlich ihr ganzes Staats=
wesen in einem Hofstaat, der sehr entwickelt war. Von einem solchen
Hofstaat jener Zeit habe ich Ihnen bei der Darstellung der coburgischen
Geschichte nur bei Gelegenheit der Schilderung der casimirianischen
Periode einzelne Züge angedeutet, weil die an geschichtlicher Entwicke=
lung reichere coburgische Geschichte mir dazu weniger geeignet erschien;
dagegen mag die an wahrhaft historischem Material ärmere henneberger
Geschichte uns ausreichend Gelegenheit und Anlaß geben, das Bild eines
damaligen Hofstaates deutscher Territorialherren etwas genauer zu be=
trachten. Und so wie wir dasselbe bei den Hennebergern finden, wie=
derholt es sich so ziemlich auch bei den übrigen deutschen fürstlichen
und gräflichen Häusern.

Die Einkünfte der Grafen von Henneberg erreichten zur Zeit
Kaiser Carl's V. ihre höchste Höhe, aber auch die reichhaltigste Ge=
legenheit, sie unterzubringen. In dieser Zeit war der spanische Luxus
ein Vorbild der kleinen Höfe geworden. Vorher rühmten sich die
Grafen mit Recht, sparsame und einfache Haushälter zu sein und mögen
ihre Geldeinkünfte kaum über 6000 Gulden für jede Linie betragen
haben, freilich nach dem Geldwerth jener Zeit eine ganz stattliche Ein=
nahme, denn die Naturalgefälle, Zehnten u. s. w. sind darunter nicht
inbegriffen. Zur Zeit Carl's V. wurde dies anders und wir wissen
aus einer alten Hoforbnung von 1530, daß damals beständig 125 Per=
sonen am gräflichen Hof beschäftigt, ja theilweise mit ansehnlichen
Gütern beliehen waren. Darunter waren gegen dreißig Edelleute, die
die persönliche Begleitung der regierenden Grafen auf deren Reisen
und Jagdzügen repräsentirten. An bürgerlichen Hofbeamten lernen
wir kennen: einen Kanzler und einen Vicekanzler, eine Würde, die

nach heutigen Begriffen derjenigen eines Staatsministers entsprach, einen Landrentmeister, einen Secretär und drei Schreiber, einen Hofkapellan, einen Jägermeister, einen Landrichter, einen Harnischmeister, einen Destillirer oder Hofarzt, einen Barbier, einen Hofschneider, drei Köche und einen Mohren. Der Geschmack, Mohren um sich zu haben, scheint sehr alt gewesen und aus der Zeit der Kreuzzüge entsprungen zu sein. Sie wissen ja, wie lange er sich erhalten hat! Der Marstall enthielt gegen achtzig Pferde, die nicht nur den im Lande auf den gräflichen Gütern gebauten, sondern zudem noch gegen hundert Malter aufgekauften Hafers auffraßen. Einen solchen Aufwand für den Hofstaat ertrugen die Finanzen nicht und 1547 stand die Grafschaft hart vor dem gänzlichen finanziellen Ruin. Trotz aller Warnung, die sich muthige und treue Hofbeamte erlaubten, blieb es beim Alten, ja, man vertauschte, wie schon erwähnt, in jener Zeit das reiche Amt mit Schloß Mainberg an das Bisthum Würzburg, erhielt dafür die arme, damals würzburgische Cent Meiningen, dazu aber freilich 170,000 Gulden aufgezahlt. Da statteten mehrere der vornehmsten henneberg'schen Räthe, deren Namen wir kennen, nämlich Hieronymus Marschalk, Philipp von Heßberg, Hans Zufraß, Hans Wilhelm Fuchs, Georg Sittig Marschalk, Johann Jäger, Michael Dillherr, Eberhardt Wolf und Hans Reiß, Namen, die theilweise heute noch in adeligen Familien unserer Gegend fortleben, ein Gutachten ab, welches im Auszug in der bekannten, zu Ende des vorigen Jahrhunderts erschienenen henneberger Geschichte des Herrn Adolf von Schultes, hiesigen Geh. Archivrathes und Regierungsdirectors, abgedruckt ist und welches ich Ihnen nicht vorenthalten darf.

„Wenn — so schrieben jene Herren — Eure Fürstl. Gnaden nicht straks die vorgeschlagenen Mittel an die Hand nehmen, so müssen Eure Fürstl. Gnaden mit großem Hohn, Spott und Schaden den besten Theil der Herrschaft verkaufen, wollen anders Eure Fürstl. Gnaden nichts treuloß und siegelloß werden. Aber was können Eure Fürstl. Gnaden vorsetzen oder verkaufen? Die Amt Schleusingen, Theimar und Suhla nicht, da dieselben Eure Fürstl. Gnaden Gemahlin verwidumpt seiend. Ilmenau nicht, denn es Graf Boppen Leibgeding ist. Schmalkalden nicht, denn do liegt der hessisch Vertrag im Weg. (Es war ein Erbverbrüderungsvertrag, wie Sie später hören werden.) — Nordheim Wasungen und Sand gelten nichts, Ampt Fischberg ist Pfand.

Sulzfeld und Maßbach gelten über 12,000 fl. nicht; da bleibt nichts über als Maßfeld, das ist der Herrschaft Herz, komt das= selbe hinweg, so sind Euer Fürstl. Gnaden vor einem armen Herrn schon beschnitten uf den innersten Grab und was jetzo Fürstl. Gnaden mit der engern Haus= und Hofhaltung nicht thun wollen, das wird darnach das Vermögen und Armuth wol lehren. — Darüber wird es zum Leisten komen und es wollen die Kaiserlichen Recht, wan ein Oberkeit seinen Unterthanen mehr, denn sie verpflicht sein, auflegt, macht er sich das Eigen= thum verlustig. Das erinnern wir Euer Fürstl. Gnaden darumb, daß Euer Fürstl. Gnaden das Ungelt und Steuer laut unseres Vorschlags zu den Schulden komen lassen, darumb es gewilligt ist worden (Beides sollte also zur Schuldentilgung verwendet werden), denn was man mit bösem Gewissen nimpt, das be= schwehrt die Seel u. s. w."

Daß auf solche geharnische Reden hin endlich eine Reduction des Hofstaates stattfand, war natürlich; interessanter sind aber die Streif= lichter, die mit diesem Gutachten auf Rechtsverhältnisse und Rechts= auffassungen jener Zeit fallen. Denn einen anderen Grund gegen den Verkauf dieses oder jenes Amtes, als voraussichtlicher geringer Erlös oder Spott und Hohn der Grafen kannten selbst jene treuen und frei= müthigen Räthe nicht. Steuern dienten nicht zur Bestreitung der Regierungskosten, sondern wurden zur Deckung der Hofschulden der Grafen verwilligt, aber nicht einmal dazu verwendet. Im Territorial= besitz, also nicht in der Landeshoheit, ruhte die Macht der Grafen, denn ohne ihn wurden sie treulos und siegellos. Endlich lernen wir aus jener Stelle, daß man damals auch in Henneberg schon die Anfänge einer gewissen · verfassungsmäßigen Beschränkung der Regentenrechte gekannt haben mag, denn wenn in dem citirten Gutachten von einer Steuerverwilligung gesprochen wird, so kann diese nur von dem dazu berechtigten Organ, also von einer Art Landtag oder Rittertag ver= standen werden, wie wir sie früher unter und schon kurz vor Herzog Casimir kennen gelernt haben. Weitere Belege für die Existenz solcher Henneberger Rittertage kenne ich nicht und auch von Schultes erwähnt sie nicht. Daß sie bestanden, wird nicht zu bezweifeln sein, wie Sie später sehen sollen.

Jener Hofstaat hatte zur Zeit seiner üppigsten Blüthe vier wesent= liche Hofämter, den Marschall, den Kämmerer, den Truchseß und den Schenk. Diese Würdenträger bildeten die nächste Umgebung und Gesellschaft und waren die Rathgeber der Grafen. Das wichtigste dieser Aemter war das Marschallamt, dem ein besonderer Hofmeister beigegeben war und während dem Marschall zunächst die Aufsicht über die ganze Hofhaltung oblag, so hatte unter ihm und in seinem Namen der Hofmeister die Regierungsgeschäfte in der Hand. In der Henne= berg'schen Hoforduung von 1524 wird deshalb gesagt:

"Ein Hofmeister soll sich allen Kanzleysachen und hoch= wichtigen Geschäften unterfachen und so wir und unser Son nit vorhanden, alle Handel in unser Kanzley anstatt unser helfen ausrichten und diese Zeit unseres Außenseins als ein Stadt= haldter .... Alles zu verwalten haben."

Der Truchseß der Grafen von Henneberg war höchstwahrscheinlich ebenfalls mit Regierungsgeschäften betraut und seine Function war sicherlich nicht darauf beschränkt, daß er bei festlichen Gelegenheiten "das Essen trug", worauf der Klang des Wortes und die lateinische Bezeichnung dieser Würde: dapifer hindeuten mögen. Am kaiserlichen Hof hatte er dies Amt und besonders die Aufsicht über die Küche und die Hoföconomie bestimmt inne; am Hof der Grafen von Henneberg aber stand die Küche unter der Aufsicht geringerer Hofbeamten. Da es nun überhaupt nur auf einer etwas prunksüchtigen Nachahmung kaiserlicher Hofhaltung beruhte, daß unsere Grafen jene vier Aemter an ihren Hof vertreten sehen wollten, so wird es wohl schwer sein, den Geschäftskreis und die Competenzen der Henneberg'schen Truchsesse bestimmt abzugrenzen. Es war eben ein so vornehmes Hofamt, daß seine Träger nach und nach den Titel zu ihren Namen machten, woraus die noch heute bestehenden Namen der fränkischen Ritterfamilien von Truchseß sich erklären. Der Kämmerer war der Verwalter der lan= desherrlichen Geldgeschäfte und der Schenk hatte die Aufsicht über die gräflichen Keller, "die Quelle der deutschen Fröhlichkeit". Auch diese Herren legten sich in der Folge den Namen Schenk bei, wenn sie auch mit dem Amt nichts zu schaffen hatten. Alle vier Aemter wurden übri= gens bald in den Familien ihrer ersten Träger erblich, woher die Be= zeichnung Erbmarschall, Erbkämmerer, Erbschenk und Erbtruchseß stammt.

Daß bei großen Feierlichkeiten am Hof der deutschen Kaiser das Tragen der Speisen und das Einschenken des Weines ein Amt hoher Würdenträger war, ist eine bekannte Sache. Wem von Ihnen sollte nicht Schiller's Graf von Habsburg dabei einfallen? wo uns der Dichter erzählt:

> Zu Aachen, in seiner Kaiferpracht,
> Im alterthümlichen Saale
> Saß König Rudolph's heilige Macht
> Beim festlichen Krönungsmahle.
> Die Speisen trug der Pfalzgraf des Rheins,
> Es schenkte der Böhme des perlenden Weins ꝛc.

Wir gehen aber bei der Erinnerung an diesen deutschen Kaiser, den Grafen Rudolf von Habsburg, noch einen Schritt weiter. Jene Grafen von Habsburg waren ebenso wie die Henneberger vor ihrer Erhebung auf den Thron der deutschen Könige und römischen Kaiser ein einfaches Grafengeschlecht, ziemlich eben so reich begütert und im Aargau in der Schweiz angesessen, wie die Henneberger in Mittel= deutschland. Ihrer Hausmacht nach und nach ihrer Stellung im deutschen Reiche zu urtheilen, waren Letztere also ebenso fähig, auf den deutschen Kaiserthron gehoben zu werden, wie die Grafen von Habsburg und wir werden noch sehen, in welch vertrautes Verhältniß zu den deutschen Kaifern mehrere von ihnen getreten sind, wenn sie auch nicht den Thron selbst bestiegen.

Ihr Ansehen unter den Gliedern des deutschen Reiches zeigt sich in einer Würde, die ihnen schon sehr früh und Jahrhunderte lang eigen war, nämlich in dem Würzburg'schen Burggrafen und Ober= marschallamt. Um Sie diese Würde klar verstehen und würdigen zu lehren, muß ich Sie kurz in die frühesten Zeiten des Mittelalters hinaufführen. Wir wissen nämlich, daß das Stift Würzburg in der Mitte des achten Jahrhunderts gegründet wurde und daß die deutschen Könige, namentlich diejenigen aus dem fränkischen Stamm, neu ange= legte geistliche Stifte, sowie neu erbaute Städte und Burgen, gern unter den Schutz mächtiger, in der Gegend angesessener Gaugrafen stellten, da besonders der geistliche Stand mit der Verwaltung welt= licher Geschäfte und namentlich mit dem Waffen= und Kriegshandwerk sich nicht beschaffen sollte und in früherer Zeit dies auch nicht ver= mochte. Solche Schutzverpflichtungen nannte man Vogteiämter und sie lagen den Grafen von Henneberg, als Gaugrafen des Haßgaues bezüglich vieler Klöster und Kirchen ob. Ein solches über das Stift Würzburg geführtes Vogteiamt war das Würzburger Burggrafenamt, womit die deutschen Kaiser, und nicht etwa die Bischöfe von Würzburg, die Grafen von Henneberg beliehen.

Nach dem Zeugniß Lorenz Friese's, eines alten Würzburger Ge-schichtschreibers, war ein Graf Gottwald von Henneberg der erste Inhaber dieser Würde um das Jahr 1030 und es umfaßte dieselbe auch die hohe und niedere Gerichtsbarkeit im ganzen Umfange des Stiftes. Mit dem Reichthum des Stiftes, den es dem frommen Sinn der Kaiser zu verdanken hatte, wuchs seine Macht und seine Herrschsucht und die Bischöfe brachten es daher bald soweit, daß sie, und nicht mehr der Kaiser, das Burggrafenamt den Grafen von Henneberg zu Lehn reichten, und zwar stets den Aeltesten. Dem Ansehen der Bischöfe setzten aber die späteren Grafen, namentlich Georg Ernst, Schleusinger Linie, eben-falls ihr Ansehen und ihre fürstliche Würde entgegen und verweigerten geradezu die Annahme des Lehns von dem Stift und da mit diesem Grafen die Schleusinger Linie ausstarb, so fehlte dem Amt ein Träger und es erlosch. Im 16. Jahrhundert bedurften auch die Bischöfe wahr-lich keines weltlichen Schutzes und Beistandes mehr, sondern viele adelige Familien trugen ihnen sogar ihre Alodien — wie Sie aus früheren Vorträgen wissen — zu Lehn auf, weil man anfing, das geistliche Schwert mehr zu fürchten, als das weltliche. Schon früher strebten sie darnach, sich von vornehmen Herren und Grafen bedienen zu lassen, um den Glanz ihrer Höfe zu erhöhen und ernannten die Grafen zu Henneberg zu ihren obersten Marschällen. So entstand das Würz-burger Hofmarschallamt unserer Grafen. Die oben schon genannten Grafen Heinrich VIII. und Johann I. waren in der Mitte des 14. Jahrhunderts zuverlässig damit beliehen. Ueber ihre Verrichtungen gibt uns von Schultes sehr genaue quellenmäßige Auskunft: Die Ob-liegenheiten der Marschälle waren Kriegs- und Hofverrichtungen. In Kriegszeiten hatte der Marschall nicht nur die Einrichtung des Heeres-zuges, das Aufbrechen und Aufschlagen des Lagers und die Zufuhr des Proviants, sowie der Fourage zu besorgen, sondern er mußte auch die Reiterei anführen und die Kriegsgerichte verwalten. Bei Friedens-zeiten machte die Aufsicht über den bischöflichen Marstall, die Direction des Polizeiwesens und die Besorgung der Zufuhr der Lebensmittel und deren Verkauf den Hauptgegenstand seiner Functionen aus. Besonders war die Gegenwart des Obermarschalls bei der höchst feierlichen Ein-führung eines neuen Bischofs nothwendig. Er mußte denselben unter dem Gefolge vieler geistlicher und weltlicher Begleiter vom Frauenberg an bis in die Stadt zu Pferd begleiten, wo alsdann der Bischof bei der St. Gotthardscapelle an der Mainbrücke absteigen und sein Pferd mit Sattel und Zeug dem Grafen von Henneberg als einen Besol= dungstheil zu überlassen hatte. In der Capelle legte der Bischof zum Zeichen seiner geistlichen Demuth einen schlechten grauen Tuchrock an, umgürtete sich mit einem Strick, an welchem ihn der Marschall an der rechten Hand aus der Capelle über die Mainbrücke durch die Stadt bis an den Dom führte, wobei er in der linken Hand den weißen Marschallstab trug. Nachdem dort der Bischof vom gesammten Capitel angenommen war und die Consecration empfangen hatte, führte ihn der Marschall am Strick vor die Kirche, wo ein anderes Pferd zum Aufsitzen in Bereitschaft stand, auf welchem der Bischof seinen Rückzug auf den Frauenberg hielt und wohin er von dem Marschall, der ihm nunmehr das bloße Schwert vortrug, ebenfalls zu Pferd begleitet wurde. Die Feierlichkeit endigte mit einer in dem bischöflichen Palast öffentlich gehaltenen Tafel, bei welcher der Graf von Henneberg, der, wie wir schon wissen, selbst seinen Truchseß hatte, nun seinerseits Truchseß des Bischofs sein mußte und durch Vortragung der ersten Speisen mit dem Marschallstab in der Hand sein Hofamt verrichtete, den Stab darauf an seinen Untermarschall, gewöhnlich einem Herrn vom niederen Adel, abgab und sich selbst zu den übrigen Gästen an die bischöfliche Tafel setzen durfte. Diese Beschreibung stammt aus dem Jahr 1515. Daß eine derartige Bedienung den späteren Grafen nicht mehr zusagte, läßt sich leicht denken. Aber das Amt wurde sogar entehrend, als die Bischöfe dem Marschall zu seiner Besoldung eine jährliche Abgabe zu= wiesen, die der Inhaber des sogenannten Scholderplatzes in Würzburg zu entrichten hatte, denn dieser Platz war nach dem Zeugniß des schon genannten hennebergischen Kanzlers J. Gemeln weiter nichts, als ein öffentliches Freudenhaus. Deshalb kündigten die Grafen dem Bischof das Marschallamt auf, erhielten sich aber im Besitz der damit ver= bundenen Lehngüter bis zu ihrem Aussterben und es gelang den Bischöfen nicht, diese Güter einzuziehen. Es waren auch um diese Zeit — die Mitte des sechzehnten Jahrhunderts — schon andere Spannun= gen zwischen Würzburg und den Grafen von Henneberg eingetreten und diese lagen hauptsächlich in dem Vorschub, welchen die Letzteren dem Lutherthum leisteten und in der angebahnten und bald ganz zu Stande gebrachten Einführung der neuen Lehre in ihren Ländereien. — Es ist nicht nöthig, hierüber eingehend zu sprechen, weil die Re=

2*

formation in der Grafschaft Henneberg ziemlich in derselben Weise
Boden gewann, wie in den sächsischen Ländern und hierüber schon bei
der Darstellung der coburgischen Geschichte alles Wesentliche mitgetheilt
worden ist. Dagegen lohnt es der Mühe, jetzt noch über die Rechts=
pflege in jener Zeit Einiges zu erzählen, die ebenfalls in den henne=
bergischen und sächsischen Ländern, ja, in ganz Deutschland, fast die=
selbe war.

Eine Rechtswissenschaft gab es zur Zeit der Grafen von Henne=
berg im Anfang gar nicht und als sie anfing, sich auszubilden, stand
die Grafschaft als solche vor ihrem Erlöschen. Recht gesprochen wurde
von den Grafen und ihren Beamten, von geharnischten Rittern, nach
den Regeln der gesunden Vernunft und des Billigkeitsgefühls. Wo
Beides fehlte, half man sich mit gerichtlichen Zweikämpfen. Die Faust
ersetzte das Urtheil oder gab ihm seine Grundlagen, der Sieger im
Kampf hatte Recht, der Besiegte war der schuldige Theil. Noch im
Jahr 1405 kam in den hennebergischen Landen diese Justiz zur Geltung,
denn wir wissen aus einem noch vorhandenen Urtheil des sogenannten
Centgerichts zu Benshausen vom 18. August jenes Jahres, daß die
Henneberger Grafen zwei Henneberger Ritter von Wenkheim eines
Raubes angeklagt und einen Gerichtstag zur „kämpflichen Entscheidung"
ausgewirkt hatten. Die Herren von Wenkheim erschienen aber nicht
und wurden deßhalb für überwunden und aller Lehngüter, ja, sogar
der christlichen Gemeinschaft und der Landrechte für verlustig erklärt,
was man in der Sprache des heutigen Strafrechts eine Aberkennung
der bürgerlichen und Ehrenrechte nennen würde. Interessanter war die
Art und Weise, wie man sich des Eides zur Entscheidung streitiger
Rechtshändel bediente. Der Richter verlangte nämlich nicht nur von
der einen oder anderen Partei, daß sie selbst einen gewissen Eid abzu=
leisten, sondern daß sie auch noch eine Anzahl sogenannter Eides=
helfer zu stellen habe. Diese Eideshelfer hatten nur zu schwören,
daß sie jenen Eid für wahr und nicht für meineidig hielten; die Frage,
ob sie selbst die zu beschwörende Thatsache für wahr oder unwahr
hielten, lag ihnen ganz fern, sondern auf ihre persönliche Meinung und
Ueberzeugung von der Ehrlichkeit und Wahrheitsliebe der schwörenden
Person kam es an. Halten Sie das fest und vergleichen damit so
manche Erfahrung aus der heutigen fein gebildeten Rechtsübung, so
müssen Sie vor diesem alten Institut der Eideshelfer Achtung gewin=
nen. Sie werden mehr wie einen Fall des heutigen Rechts kennen,

wo unsere Richter an den von einer Partei geleisteten Eid sich gebunden fühlen mußten, wenn sie auch in ihrem Innern überzeugt waren, daß ihnen ein Meineid abgelegt worden sei. Erst die heutige neuste Rechts= pflege hat den Richter wieder freier gestellt und den Schwerpunkt seines Beweisurtheils in seine innerste Ueberzeugung gelegt. Ich glaube aber nicht zu irren, wenn ich behaupte, daß mancher moderne Richter recht gerne diese seine innerste, oft schwer zu gewinnende Ueberzeugung von der Meinung Dritter bestärkt sehen möchte, namentlich wenn er von ihnen einen Eid darüber fordern dürfte, ob auch sie den Schwö= renden für eine streng wahrheitsliebende Person hielten.

Das sind einige der allgemeinsten Grundzüge der Justizpflege jener Zeit. Vom Formalismus der Gerichte, der so reich war an den wun= derlichsten Ceremonien, Sprachformeln und Attributen u. s. w. will ich Sie nicht weiter unterhalten; sie zu erörtern, gehört nicht zu unserer Aufgabe und nur für das Studium der Rechtsgeschichte kann man ihnen einen wissenschaftlichen Werth beilegen.

Dieses kleine Bild gibt Ihnen vielleicht eine bessere Anschauung von dem Begriff der damaligen Landeshoheit, als eine magere Defini= tion. Hofhaltung und Rechtspflege — Beides erschöpfte den da= maligen staatsrechtlichen Begriff der Landeshoheit. Und wir brauchen diese Anschauung nothwendig zur Vorbereitung auf die künftige Aus= einandersetzung der landständischen Verhältnisse.

II.

Wenn wir nunmehr die einzelnen Linien des Henneberger Grafengeschlechts verfolgen, so muß ich Ihnen zunächst den Grafen Popo I.
in's Gedächtniß zurückrufen, von dem ich vorhin sagte, daß man bis
zu ihm hinauf die Genealogie der Henneberger verfolgen könne. Als
sein muthmaßlicher Vater wird zwar ein Graf Otto genannt, aber
auch dessen Ahnen sind nur muthmaßliche Ascendenten, von denen
man weiter nichts weiß, als daß sie einzelne Güter und Schlösser besaßen, die später als Besitzungen der Grafen von Henneberg vorkom-
men. Hierauf allein gründet es sich, daß man in ihnen Henneberger
Ahnen erblicken zu dürfen meint. Sie Alle erscheinen nämlich in den
Urkunden nur mit ihren Vornamen, ohne Angabe eines Wohnsitzes
und besonders ohne die Geschlechtsbezeichnung „Henneberg". Sind sie
aber wirklich die Stammväter der Henneberger, was man ja vielleicht
mit Recht annehmen, wenn auch nicht beweisen kann, so ist es sehr
wahrscheinlich, daß Bamberg ihnen seine Entstehung verdankt, welches
eine Frau Babe, Gemahlin eines jener Altvordern, und zwar in der
Zeit Carl's des Großen gegründet und Babenberg oder Babenburg genannt hat. Die Altenburg bei Bamberg führte in älterer
Zeit stets den Namen Babenburg. Obgleich nun Friese, der alte
Würzburger Chronist, jenen Grafen Otto schon einen Grafen von
Henneberg nennt, so wage ich doch nicht, ihm so weit zu folgen, weil
eben weiter nichts als sein Besitz späterer Henneberger Güter dafür
spricht. Den Beinamen „Henneberg" führt zuerst Popo I. und weil
eben diese alten Herren ihre Zunamen nach ihren Wohnsitzen wählten,
möchte ich ihn für den Erbauer und ersten Inhaber des Stammschlosses
Henneberg halten. Jedenfalls dürfen wir in ihm den Stammvater der

Henneberger, also auch den ältesten Vertreter der henneberg=coburgischen Dynastie erblicken.

Er war Gaugraf im Grabfeld, das heißt, in demjenigen Gau unserer Nachbarschaft, der, von der fränkischen Saale durchflossen, zwischen dem Main, der Werra und dem westlichen Theil des thüringer Waldes lag, an den Saalgau im Südwesten grenzte und den Haßgau in sich faßte. Im Haßgau, unweit Nassach an den Haßbergen, lag Schloß Wildberg, dessen Herren unser Coburg vor den Hennebergern als Gutsherren, nicht als Territorialherren, innegehabt zu haben scheinen; vom Schloß sind aber kaum noch Ruinen im Wald zu er= kennen. Einer der Nachkommen Popo's I. ist ein Graf Gottwalb, von dem wir zuverlässig wissen, daß er der Stifter des Klosters Veßra ist, welches ich Ihnen später noch oft werde nennen müssen. Die Stiftung geschah um das Jahr 1131. Seine Söhne Popo V. und Berthold I. finden wir häufig in der Begleitung des Kaisers Friedrich Barbarossa und der Nachfolger Popo VI. war schon einer der vorhin eingehend besprochenen Burggrafen von Würzburg, wo er ebenfalls unter den Begleitern des genannten Kaisers auftritt. Er begleitete ihn sogar auf seinem bekannten Kreuzzug nach Palästina 1189, wo er ebenso, wie der Kaiser selbst, seinen Tod fand. Sein Sohn ist der oben schon erwähnte Popo VII. Von ihm wissen wir, daß er die Kaiserwahl Friedrich's II. von Hohenstaufen 1211 gegen den Gegner desselben, Otto IV., durchsetzen half, ebenfalls einen Kreuzzug in's gelobte Land unternahm und nach glücklicher Rückkehr aus demselben seine erste Gemahlin verlor und nun in eine zweite Ehe mit Land= gräfin Jutta, verwittwete Landgräfin von Meißen, trat. Aus dieser Ehe stammte der schon erwähnte Graf Hermann I.; aus der ersten Ehe war der bekannte Graf Heinrich III. hervorgegangen. Bei der zwischen Beiden 1245 stattgehabten Theilung (die oben auch schon an= gedeutet wurde) erhielt Hermann I. Strauf, Irmelshausen, halb Mün= nerstadt, Kissingen, Königshofen und Steinach. Heinrich III. erhielt die Schlösser Henneberg, Aschach, Ebenhausen, Hartenberg, Osterburg und Hallenberg, Stadt und Amt Schleusingen, Ruhla, Schwarza, Wasungen, Sand, Maßfeld, Benshausen, Themar, Römhild und die andere Hälfte von Münnerstadt. Augenscheinlich lag hierin eine Un= gleichheit, weshalb wird angenommen werden müssen, daß Hermann I. auch noch thüringische Güter seiner Mutter erhielt, namentlich Schmal= kalden und einzelne Theile der Pflege, nicht aber Stadt und Veste

Coburg. Hermann's Antheil war derjenige, aus dem später (1347) die sogenannte neue Herrschaft entstand, deren Schicksale ich Ihnen vorhin (sub I) erzählt habe. Heinrich's III. Antheil zerfiel 1274 in die drei sogenannten althennebergischen Ländergruppen, die Harten= berger, Aschach=Römhilber und Schleusinger, was ebenfalls schon angegeben worden ist, weshalb ich jetzt nicht mehr im Einzelnen darauf zurückzukommen brauche.

Ich muß hier einen, oben schon angedeuteten Gedanken wiederholen, bevor ich auf die Specialgeschichte dieser drei Ländergruppen und ihrer ferneren Schicksale eingehe. Ich bemerkte Ihnen schon, daß uns jede Geschichte, und namentlich die Henneberger, nur dann Interesse abge= winne, wenn wir in ihr den Pulsschlag des Lebens vergangener Zeiten fühlen, daß wir uns aber für werthlose genealogische und sonstige Ein= zelheiten nicht erwärmen könnten. Dies gilt in vollem Maße von Allem, was ich Ihnen aus der Henneberger Geschichte im Einzelnen zu erzählen habe und ich werde auch in dieser Rücksicht, abgesehen von den vorhin schon erwähnten, schwerer einzuhaltenden Schranken eine Grenze bei der Erzählung wahrnehmen und besonders mich bemühen, Sie stets den Zusammenhang des geschichtlichen Materials, so weit es nur immer möglich ist, empfinden und Sie hineinblicken zu lassen in die Triebfedern der Handlungen und in den Geist der verschiedenen Zeitperioden. Wenn auch diese Handlungen nicht besonders schweren Gewichtes sind und sich nur in dem kleinen Maß der Specialgeschichte bewegen, so sind sie doch immerhin Geschichte und werden Ihnen als solche in geschichtlichem Gewand entgegentreten.

Ich folge hierbei hauptsächlich, jedoch nur was das streng that= sächliche Material betrifft, der sorgfältigen Forschung der bedeu= tendsten Autorität für Henneberger Geschichte, nämlich dem v. Schultes'= schen Werk aus den neunziger Jahren des vorigen Jahrhunderts, einem Werk von ganz außerordentlicher Vollständigkeit und Genauigkeit, aus= gestattet mit einer ungeheuren Zahl von Urkunden und mit Wappen= und Denkmälerabbildungen. Dabei entbehrt es aber so sehr der Ueber= sichtlichkeit und der richtigen Sparsamkeit bezüglich des vorgetragenen Stoffes, der häufig nur chronistischen Werth hat, daß es nur dem ernstlichsten Studium gelingen wird, die Schätze des Werkes zu er= schließen. Es umfaßt übrigens mit den Urkunden fünf Quartbände, wenn man die topographischen Theile mitrechnet. Schon dieser große Umfang macht es schwer genießbar.

I.

Die **Hartenberger Linie** führt ihren Namen von dem jetzt gänzlich verschwundenen Schloß Hartenberg bei Römhild. Sie erinnern sich, daß der jüngste Sohn jenes Heinrich's III., nämlich Heinrich IV., ihr Stifter war und außer dem Schloß Hartenberg bei der Theilung von 1274 auch die Stadt Römhild, die Osterburg bei Themar, ferner Hallenberg und Schwarza, die Hälfte der Stadt Themar und wahrscheinlich auch die Hälfte des Gerichts Benshausen erhielt. Schloß Hartenberg, welches auf einem Vorhügel des großen Gleichsbergs lag, aber bald verlassen wurde, weil es nicht gelang, einen Brunnen daselbst anzulegen, war die gräfliche Residenz. Diese Linie hatte die kürzeste Dauer. Schon mit dem Enkel, Berthold X., starb sie aus. Vermuthlich waren weder der Sohn des Stifters, Popo IX., noch jener Enkel Erstgeborene, aber sie waren alleinige Regenten, ihre Brüder, so viel man weiß, dem geistlichen Stand gewidmet. Theilungen kamen also nicht vor. Wenn ich oben hervorhob, daß das Erstgeburtsrecht bei den Hennebergern schon sehr früh und in den einzelnen Linien fast ausnahmslos in Uebung war, so könnte diese Succession der später Geborenen uns auffallen. Aber ich glaube, es läßt sich am Ende doch nicht feststellen, welche von den jungen Grafen dem Geburtsjahr nach die ältesten waren und wir müssen wahrscheinlich aus ihrer Regierungsnachfolge auf ihre Erstgeburt oder wenigstens darauf schließen, daß, wenn gerade der Erstgeborene es war, der durchaus von seiner Neigung zum geistlichen Stand nicht lassen wollte, der auf ihn folgende Bruder zur Regierung kam. Jener Popo IX., also der Sohn des Stifters, betheiligte sich an der hohen Politik des deutschen Reichs, als nach dem Tod Kaisers Heinrich VII. die beiden Thronprätendenten, Pfalzgraf Ludwig von Bayern und Herzog Friedrich der Schöne von Oesterreich, Jeder in seiner Weise, unter den Reichsfürsten und Grafen Hülfe und Beistand suchten, um ihre Wahl durchzusetzen. Der Pfalzgraf warb um die Gunst unseres Grafen Popo IX. von Henneberg. Wir wissen aus einer Urkunde vom 8. Oktober 1314, daß ihm Ludwig von Bayern 1000 Pfund Heller versprach, wenn er mit gewaffneten Rittern beim Wahltag erscheinen werde. Wahrscheinlich hat Popo dem nachherigen Kaiser diesen Dienst geleistet, denn in einer weiteren Urkunde von 1315 bekannte sich dieser dem Grafen gegenüber zu einer Schuld von siebenhundert Heller für seine ihm erwiesene Unterstützung und begnadigte ihn mit verschiedenen Privilegien.

Die ökonomischen Verhältnisse dieses Grafen verschlechterten sich aber von Jahr zu Jahr. Er verkaufte ein Gut nach dem andern und namentlich war es das Kloster Veßra bei Themar, welches ihm aus seinen Geldverlegenheiten helfen mußte, natürlich aber dafür sich jene Güter erst verpfänden ließ und dann um wenig Geld eigenthümlich an sich brachte, weil der Graf nie die Pfänder wieder einlöste. Er hinter= ließ daher seine Grafschaft im Jahr 1348, wo er starb, in einem sehr traurigen Zustand. Sein Sohn Hermann III., wahrscheinlich der älteste, war schon vor ihm unvermählt gestorben. Der Nachfolger in der Regierung wurde daher der andere Sohn Berthold X. Er war der Letzte der Hartenberger Linie, war unvermählt und hatte daher für seine Grafschaft kein Interesse. Die Neigung, Güter oder Gefälle zu verkaufen, wenn er Geld brauchte, die seinen Vater auszeichnete, war in vollem Maße auf ihn übergegangen. Dazu kamen Händel mit dem Bisthum Würzburg, die unglücklich für ihn endeten und von denen der ernstlichste das Schloß und Gut Haina bei Römhild betraf, welches den Gebrüdern von Herbelstadt gehörte. Das Stift Würzburg be= anspruchte die Lehnherrlichkeit über das Gut und die Besitzer wollten das Schloß mit Zustimmung des Stiftes, aber unter Widerspruch des Grafen, neu befestigen. Nach langem Hader ließen die streitenden Theile ein Schiedsgericht in den Personen des Burggrafen von Nürnberg, der Grafen Günther und Johann zu Schwarzburg und des Landgrafen Ulrich von Leuchtenberg zusammentreten, die dem Stift Würzburg die Lehnherrlichkeit zuerkannten und den Herren von Herbelstadt die Be= festigung des Schlosses untersagten. Erst Herzog Casimir von Coburg, der Amt und Stadt Römhild mit dem Gut Haina besaß, beseitigte diese geistliche Lehnherrlichkeit durch einen zweckmäßigen Tausch. Graf Berthold hatte schon vor dem Schiedsspruch aus seiner Noth sich dadurch zu helfen gesucht, daß er mit seinem Vetter, Graf Hermann V., Ascha= cher Linie, einen Successionsvertrag abschloß, in dem sich Beide für den Fall ihres kinderlosen Ablebens gegenseitige Erbfolge zusicherten. Der Vertrag erhielt 1366 die Bestätigung Kaiser Carl's IV. und die Paciscenten wurden schon im Voraus beliehen. Da aber hiermit dem Graf Berthold keine Geldquelle eröffnet worden war, beschloß er, die ganze Herrschaft Henneberg=Hartenberg lieber bei Lebzeiten an seinen Herrn Vetter zu verkaufen und sich den lebenslänglichen Genuß vor=

zubehalten. Schon 1371 kam der Vertrag zu Stande und da man den Kaufpreis auf 85,000 Pfund Heller vereinbarte, konnte Berthold ruhig seine Tage beschließen. Die Hartenberger und Aschacher Linien waren also verschmolzen. Nur Berthold's Antheil an Stadt und Amt Themar und Osterburg blieben von der Vereinigung ausgeschlossen, weil nach dem Tod des Grafen dessen Schwester, Gräfin Richza von Schwarzburg, den ganzen Vertrag anfocht und sich wegen ihrer geltend gemachten Ansprüche schließlich mit einem Theil Themars und mit Schloß Osterburg abfinden ließ. Berthold X. war 1378 heimgegangen; die Hartenberger Linie war ausgestorben.

2.

Die **Aschacher** oder **Römhilder Linie** war von Hermann II., dem anderen Sohne jenes Heinrich III., gegründet worden und starb ebenfalls bald aus; sie erlosch 1593. Schloß Aschach an der fränkischen Saale war die Residenz, wenn Sie mir diesen schon einmal gebrauchten Ausdruck für einen Grafensitz gestatten wollen, der eigentlich kein Regierungssitz, sondern nur der Mittelpunkt eines gräflichen Hofstaates war. Wir wissen von diesem Grafen Hermann II. (den wir aber nicht mit dem Brandenburger Hermann II. [s. S. 7] verwechseln wollen) nur sehr wenig und in der That scheint auch nicht viel mehr von ihm geschehen zu sein, als daß er und seine Wittwe, die eine vormundschaftliche Regierung für den Nachfolger geführt zu haben scheint, an Klöster und Stifte so manchen Besitz veräußerte, z. B. Schloß Düngen an Würzburg. Jener Nachfolger war Hermann's Sohn Heinrich VI., der erst 1306 in Urkunden auftritt, während Hermann II. schon 1292 mit Tod abgegangen war. Auch Heinrich fing an, zu verkaufen: Ebenhausen trat er an Würzburg ab, dem Johanniterorden einen Hof zu Großbardorf, andere Güter verpfändete er und von einem Erwerb erzählt die Geschichte nichts. Auch von seiner Gemahlin, einer Gräfin von Käfernburg, erhielt er nur 600 Mark Silbers zugebracht, mit denen er bald fertig geworden zu sein scheint, denn er hinterließ die Herrschaft — man weiß nicht, in welchem Jahr — seinem Sohn Hermann V. in ziemlich verschuldetem Zustand. Ihn haben wir soeben als den Erwerber des Hartenberger Antheils kennen gelernt. Noch unter seiner Regierung (1384), aber ohne sein Zuthun, wurde das an Gräfin Richza von Schwarzburg vergleichsweise überlassene

Amt Themar und die Osterburg dem Hause Henneberg, aber nicht seiner, sondern der Schleusinger Linie zurück erworben, indem ihr Gemahl das Amt Themar einem Herrn von Bibra verpfändete und ihr Enkel, Graf Günther XXXII., die Osterburg an Wilhelm von Henneberg-Schleusingen verkaufte, welcher später auch die von Bibra'sche Hälfte von Themar wieder einlöste. In die Zeit des Erwerbes des Hartenberger Länderantheils fällt noch ein anderer. Der Stifter der Aschacher Linie war nämlich mit einer trimbergischen Erbtochter, die im Umkreis des Bisthums Bamberg ansehnlich begütert war, vermählt gewesen und hatte seinem Hause die Erbfolge in diese Güter erworben. Jetzt starb mit Conrad dem Jüngeren von Trimberg der Mannsstamm dieser Familie aus und trotz allen Widerspruches der Bischöfe von Würzburg und Bamberg, welche als Lehnherrn gern die trimbergischen Güter eingezogen hätten, wurden sie vom kaiserlichen Hofgericht, als es 1376 in Nürnberg seine Wandersitzung hielt, dem Grafen Hermann V. von Henneberg zugesprochen, der hiermit die Schlösser und Ortschaften Ziegenfeld, Staffelstein, Eicha, Seßlach, Memmelsdorf, Lichtenfels, Baunach, Dingstadt, Möblitz und Rattelsdorf an sein Haus brachte. Diese bedeutenden Besitzungen wurden jedoch schon 1423 von einem seiner Nachfolger Georg I. dem Stift Bamberg gegen eine jährliche Rente von fünfzig Gulden, freilich aus guten Gründen, wieder verkauft. — Hermann V. konnte aber selbst durch den Erwerb der Trimberger Ländereien den Rückgang seines Hauses nicht abwenden. Er verpfändete, nachdem er schon manche kleinere Besitzungen versetzt und nicht wieder eingelöst hatte, sogar die Schlösser Aschach und Hallenberg mit Zubehör für eine Schuld von 20,500 Gulden an einen Herrn Dietrich von Bibra, überließ ihm dann Aschach käuflich gegen ein zehnjähriges Wiedereinlösungsrecht und erhielt dagegen Hallenberg freigegeben. Die Einlösung geschah aber nicht, sondern Herr von Bibra verkaufte die Aschacher Besitzungen sammt dem Stammschloß an Würzburg; Henneberg behielt also in jener Gegend der fränkischen Saale nur die Hälfte von Stadt und Amt Münnerstadt und einzelne geringere Güter, welche Würzburg auch bald erwarb. Die Residenz wurde nach Hartenberg und Römhild verlegt und die Linie wurde nun nicht mehr die „Aschacher", sondern die „Römhilder" genannt. Trotz all dieser Verluste machte er doch den Klöstern Frauenroda und Münnerstadt Geldgeschenke von über tausend Pfund Heller und ließ sich dafür Seelenmessen lesen. So erwarben die Klöster und Stifte ihre großen Reichthümer auf Kosten der weltlichen Fürsten und Grafen.

Sein ältester Sohn widmete sich dem geistlichen Stand, er war Domherr von Bamberg. Der zweite Sohn, Friedrich I., folgte ihm in der Regierung. Das Jahr seines Regierungsantrittes ist wahr= scheinlich 1403. Wir wissen aber, daß er schon 1398, zu Lebzeiten seines Vaters, einem Bündniß beitrat, welches verschiedene Herren weltlicher und geistlicher Hoheit, namentlich Burggraf Friedrich von Nürnberg, die Bischöfe von Bamberg und Eichstädt, Pfalzgraf Ruprecht vom Rhein und die Landgrafen von Thüringen abschlossen, um sich gegen das damals in höchster Blüthe stehende Faustrecht und gegen das Raubsystem der fränkischen Ritter zu schützen, die die größten Meister dieses ihren Adel schändenden Handwerks waren und sich nicht entblödeten, sogar ihre Lehnherren, die Grafen von Henneberg, zu über= fallen und ihnen die blutigsten Fehden zu bereiten. Durch solche Bünd= nisse, aber auch durch Ländererwerb hat Friedrich I. viel für das all= mälige Wiederaufblühen der Grafschaft gethan und hierbei kamen ihm die Verhältnisse des Bisthums Würzburg zu Hilfe, welche in jener Zeit durch schlechte Bischofswirthschaft ziemlich derangirt zu werden begannen und das Stift zwangen, dem Grafen Friedrich die Aemter Sternberg und Königshofen und Schloß Bodenlaube zu verpfänden und später ganz abzutreten.

Noch bedeutender arbeitete der einzige Sohn und Nachfolger Fried= rich's, Georg I., an der Wiederherstellung des früheren Glanzes der Grafschaft, der 1422 die Regierung antrat. Er veräußerte die vorhin erwähnten Trimberger Güter, weil sie seinem wachsamen Auge zu fern lagen, an das Stift Bamberg gegen eine Rente von jährlich fünfzig Gulden und gegen ein Burggut auf Schloß Altenburg bei Bamberg und hieraus läßt sich vielleicht erklären, daß an der Altenburg heute noch das Henneberger Wappen zu sehen ist. Bei dieser Gelegenheit will ich nicht vergessen, zu erzählen, daß ich bei einem kürzlichen Besuch Bambergs dieses Wappen auch am sogenannten alten Schloß in Bam= berg gesehen habe, und zwar an der Rückseite. Dies ist aber offenbar Folge einer späteren Ausschmückung. Man muß sich nämlich hüten, überall da, wo man das Henneberger Wappen findet, bestimmt hieraus zu schließen, daß man eine ehemals Henneberger Besitzung vor sich habe. In Bamberg habe ich mich wenigstens bei genauer Untersuchung des Thores an der Rückseite des sogenannten alten Schlosses, welches dem Dom zunächst zwischen diesem und der Residenz liegt, überzeugt, daß das ganze Stück Mauer, in welches jenes Wappen eingefügt erscheint, neueren Ursprungs ist und daß man das Wappen, mochte es nun seinem Sinne nach an dieses Schloß passen oder nicht, wahrscheinlich aus der Nähe, vielleicht aus Lichtenfels, wo die Henneberger bis 1423 ein Trimberger Burggut vom Bisthum Bamberg zu Lehn trugen, herbeiholte und jenes Schloßthor mit demselben schmückte.

Georg schloß viele ähnliche Bündnisse, wie sein Vater Friedrich I., zum Schutz gegen sehbegierige Nachbaren und Raubritter und die vorhin erwähnten Verlegenheiten der Bischöfe von Würzburg nutzte er nach Möglichkeit aus. Nachdem er schon vom Bischof zu Eichstädt verschiedene Einkünfte und Grundzinsen erworben hatte, schoß er dem verschuldeten Stift Würzburg nach und nach erhebliche Summen vor. Dagegen versetzte ihm der Bischof Johann Schloß Lichtenberg an der Rhön und Salzungen und mußte ihm Beides, da ihm die Einlösung nicht möglich wurde, ganz abtreten. Auf dieselbe Weise erwarb er auch das von jenem Herrn von Bibra an Würzburg verkauft gewesene Aschach seinem Hause zurück und gewann noch dazu die Würzburger Hälfte von Burg, Amt und Stadt Münnerstadt und eine große Zahl Würzburger Ortschaften, die man mit den übrigen Erwerbungen sämmtlich bei Schultes verzeichnet findet, weshalb ich mich begnüge, darauf zu verweisen. Aschach und Münnerstadt wurden aber nur gegen ein dem Stift Würzburg eingeräumtes Wiederkaufsrecht erworben, welches das Letztere, wie wir sogleich sehen werden, bald mit Erfolg geltend machte.

In Würzburg finden wir zur Zeit Georg's I. jenen Herzog Siegesmund von Sachsen wieder, der wegen seiner Neigung zu schönen Nonnen sich dem geistlichen Stand gewidmet hatte und Bischof von Würzburg geworden war, wie Sie sich aus der Coburger Geschichte erinnern werden. Wie Sie ebenfalls schon wissen, hat er auch in Würzburg nicht sonderlich geistlich gelebt und so war er denn nach dem Zeugniß des alten, schon erwähnten Würzburger Chronisten Friese mit dem Domcapitel derartig zerfallen, daß es sogar zu öffentlichen Thätlichkeiten kam. Deßhalb übertrugen die Herzöge von Sachsen, namentlich sein Bruder, der Kurfürst Friedrich II. der Sanftmüthige, der den abenteuerlichen Mann nicht aus dem Auge verloren hatte, dem Grafen Georg I von Henneberg die Aufstellung einer förmlichen Regimentsverfassung für das Stift Würzburg, um dort Ordnung zu schaffen und dem Bischof Siegesmund heilsame Fesseln anzulegen. Das

Domcapitel war sehr zufrieden mit der Art und Weise, wie Georg sich dieses Auftrags entledigte, der Bischof Siegesmund aber desto weniger, denn die Verfassung, die Georg I. aufstellte, setzte ihm fünf sogenannte Regenten zur Seite, zwei aus dem Capitel und drei aus der Ritter-schaft, aus denen ein Stiftshauptmann gewählt werden mußte. Die Wahl scheint dem Domcapitel zugestanden zu haben und fiel auf Georg I. von Henneberg, der in dieser Würde von Kaiser Friedrich III. bestätigt wurde (1447). Mit diesem Amt stieg sein Ansehen bei allen Ritterfamilien und Fürstenhäusern Mitteldeutschlands; er wurde sehr häufig zum Schiedsrichter bei erheblichen Streitigkeiten derselben ge-wählt; stiftete namentlich Frieden in der durch verschiedene, nachher zu erzählende Streitigkeiten aufgeregten Schleusinger Linie und schloß mit dieser einen sogenannten Permutationsvertrag ab, durch den auf dem Weg des Tausches die Besitzungen seiner und der Schleusinger Linie vortheilhafter zusammengelegt wurden. Dem Salzwerk zu Salzungen gab er eine bessere Verfassung und erneuerte die Innungsartikel der dortigen Pfänner, die bis zu Ende des vorigen Jahrhunderts in Kraft blieben.

Georg I. starb 1465 auf Schloß Hartenberg und liegt in der Stiftskirche zu Römhild begraben. Er hinterließ zwölf Kinder, von denen das Jüngste Graf Berthold XV. das Bedeutendste war. Im Interesse der Grafschaft ist es zu beklagen, daß er nicht zur Regierung gelangte, aber er hat sich als Kurfürst und Erzbischof von Mainz, zu welcher Würde er durch seine große Gelehrsamkeit und geistige Be-gabung emporgestiegen war, sicherlich größere Verdienste um Deutschland erwerben können, als ihm möglich gewesen wäre, wenn er mit der Henneberger Regierung sich hätte befassen müssen. Er war beständig in der Begleitung des Kaisers Friedrich's III. und seines Nachfolgers Maximilian's I. und es gingen die wichtigsten Staatsgeschäfte durch seine Hand. Zwei der werthvollsten Schöpfungen jener Zeit auf dem Gebiet der Politik und der Rechtspflege verdanken seiner Vermittelung und Staatsweisheit ihre Entstehung, nämlich der schwäbische Bund und das Reichskammergericht. Der schwäbische Bund war im Grund nichts anderes, als ein Bündniß, wie wir sie soeben als Boll-werke gegen den Raub- und Fehdeunfug deutscher, und namentlich frän-kischer, Ritter kennen gelernt haben. So wie die Henneberger solche Bündnisse mit anderen gräflichen und fürstlichen Häusern abschlossen, thaten sich im Jahr 1488 auf Anregung Kaiser Friedrich's III., hinter

deſſen ſchläferiger und ziemlich gedanken= und willenloſer Perſönlichkeit
Graf Berthold, ſtand eine große Anzahl ſchwäbiſcher Herren zuſammen,
um dem kaiſerlichen Gebot des Landfriedens Nachdruck zu verſchaffen
und eine Militärmacht zu organiſiren, die den ewigen Fehden und
Räubereien im Reich ein Ende machen könne. Da Letztere gewöhnlich
zwiſchen Reichsſtänden ſtattfanden, ſo hatte Berthold XV. auch den
Gedanken angeregt, ſtatt der ſtets wandernden kaiſerlichen Gerichtshöfe
ein ſtändiges Tribunal für die Schlichtung von Streitigkeiten der
Reichsſtände unter einander einzurichten. Aber Bertholb von Henne=
berg wollte dieſem Gerichtshof mit vollem Recht, wenn auch der An=
ſchauung ſeiner Zeitgenoſſen, die von richterlicher Unabhängigkeit noch
keine Ahnung hatten, weit vorgreifend, Selbſtſtändigkeit und nament=
lich gerade Unabhängigkeit vom Kaiſer gewährleiſtet wiſſen und hierauf
ging Kaiſer Friedrich III., der in dieſem Gedanken eine Schwächung
ſeiner Rechte als Reichsoberhaupt fand, nicht ein und begnügte ſich
damit, wiederholt auf verſchiedenen Reichstagen den Landfrieden zu ge=
bieten. Der ſchwäbiſche Bund, der hauptſächlich von Graf Eberhardt
von Württemberg und Herzog Siegmund von Tyrol auf Berthold's
Andringen in's Leben gerufen worden war, mußte inzwiſchen aushelfen,
bis endlich doch 1495 jenes ſtändige Tribunal als „Reichskammer=
gericht" eröffnet wurde, welches zuerſt ſeinen Sitz in Nürnberg hatte
und, nachdem es mehrmals verlegt worden war, bekanntlich dauernd
in Wetzlar verblieb.

Mit dem Ableben des Grafen Georg I. 1466 beginnt der gänz=
liche Verfall der Linie Römhild=Henneberg nicht etwa blos deßhalb,
weil von ſeinen Söhnen der begabteſte, jener Berthold, nicht ſein Nach=
folger wurde, ſondern weil er von dem ehrwürdigen und bewährten
Herkommen der Erſtgeburtsſucceſſion abwich und ſeine Länder unter
ſeine beiden unbedeutenden Söhne Otto IV. .und Friedrich II. theilen
ließ. Der vierte Sohn, Graf Hermann, war ſchon vor dem Vater
kinderlos verſtorben. Zwar ſollte die Regierung der beiden Nachfolger
eine gemeinſchaftliche ſein. Sie reſidirten auch einige Zeit ſelbander
auf Schloß Hartenberg, ſie hatten ſogar noch bei Lebzeiten des Vaters
ein urkundliches Freundſchaftsbündniß geſchloſſen, für etwaige Streitig=
keiten fünf Schiedsrichter ernannt und ſich gegenſeitig jeglichen Verkaufs=
und Verpfändungsrechtes ihrer Beſitzungen begeben, wenn nicht zuvor
das trotzdem etwa zu veräußernde Gut dem Bruder angeboten worden
wäre. Beide Grafen wurden 1467, ein Jahr nach des Vaters Tod,

vom Kaiser mit ihren Besitzungen „zu gesammter Hand und in Gemeinschaft" beliehen. Zugleich wurde ihnen vom Kaiser gestattet, in ihrem Wappen eine gekrönte Säule zu führen, weil sie eine nahe Verwandtschaft mit einem italienischen Fürsten, Anton von Columna, geltend machten, dessen Stammväter das Schloß Henneberg erbaut hätten, was sich übrigens nicht nachweisen ließ. Wegen dieses fürst= lichen Vetters wurden die Grafen sogar in den Fürstenstand erhoben. Aber schon 1468 kam es zur Theilung. Der Erzbischof von Mainz, jener kluge Berthold XV., unterstützte und brachte sie wohl nur deshalb zu Stande, weil er deutlich wahrnahm, daß dies das einzige Mittel war, den Familienfrieden aufrecht zu erhalten, auf den er als Geist= licher mehr Werth legte, als auf Herstellung einer politisch werthvolleren Hausmacht. Schon ein Jahr nach der Beleihung, 1468, wurde die Theilung der schönen ausgedehnten Grafschaft vollzogen, indem man eine münnerstädtische und eine römhildische Portion machte. Friedrich wählte die Letztere, Otto die Erstere. Der münnerstädtische Antheil bestand aus den Schlössern, Städten und Ortschaften: Mün= nerstadt, Aschach, Bodenlaube, Hammelburg, Volkach, Lich= tenberg, Fischberg, Fladungen, Vachdorf, Rütlingen, Tulba, Sulzthal, Ebersdorf, nebst verschiedenen Zinsen, Gülten und anderen Gerechtsamen in vielen Dörfern und Flecken. Der Römhilder Antheil bestand aus den Schlössern, Städten und Dörfern Römhild und Hartenberg, Königshofen, Sternberg, Kühndorf, Schwarza, Hallenberg, Salzungen, Hentingen, Sontheim, Berkach und Schweikershausen, ebenfalls mit vielen Zinsen und Gülten. Gemeinschaftlich blieben Schloß Henneberg und verschiedene Gerechtsame.

Von der Münnerstädter Portion ging Aschach, Münnerstadt und Bodenlaube bald an das Stift Würzburg verloren, weil es diesem gelang, das oben erwähnte Wiederkaufsrecht geltend zu machen. Otto starb 1502 kinderlos und obgleich er nicht Inhaber der Römhilder Portion war, wurde er doch in der dortigen Stiftskirche beigesetzt. Vom Grafen Friedrich, der die Römhilder Portion erhalten hatte, weiß man nur, daß er Römhild zu befestigen und ein Schloß dort zu bauen begann, was aber unter seiner Regierung nicht fertig wurde. Er starb vor Otto 1488 und hinterließ einen Sohn Hermann VIII., auf den also nach Otto's Tod der ganze Henneberger Besitz vererbt und der vom Kaiser Maximilian I. auf einem Reichstag zu Worms 1495 mit der reichslehnbaren Henneberg=Römhilder Besitzung beliehen wurde. Die soeben getheilte Grafschaft war also wieder in einer Hand. Aber auch diese Wiedervereinigung der Henneberg=Römhilder Länder führte nicht zum Wiederemporblühen derselben. Hermann veranlaßte 1532 vielmehr abermals eine Theilung derselben zwischen seinen beiden Söhnen Berthold XVI. und Albrecht, mit denen die Römhilder Linie aus= starb. So weit man nachkommen kann, bekam Berthold Römhild, Hartenberg, Lichtenberg und ein Viertel von Henneberg; Albrecht erhielt Schwarza, Kühndorf, Hallenberg, die halbe Cent Benshausen, ein Viertheil von Henneberg und die Hälfte von Salzungen, alles bei Lebzeiten des Vaters laut Erbsonderungs= vertrags von 1532. Hermann VIII. behielt für sich zu seinem Unter= halt den Rest und nach seinem Tod (1535) erhielten die Söhne kraft seiner Anordnung auch diesen zu gesammter Hand. Berthold hatte 1536 als Aeltester für sich und seinen jüngeren Bruder Alb= recht die Beleihung mit den Reichslehnen und Regalien empfangen; eine Beleihung jedes Einzelnen der beiden Brüder je mit seinem An= theil fand nicht statt. Das wollen wir einstweilen festhalten.

Man erkennt sofort bei einem Vergleich dieser Theilung mit jener vorhin erzählten, daß bei beiden der Bestand der Grafschaft ziemlich verschieden war, was sich einfach daraus erklärt, daß in der Zwischen= zeit neue Verluste und Erwerbungen stattgefunden hatten, wie ja solche Veränderungen sich durch die ganze Geschichte der Grafschaft hindurch= ziehen. Soweit sie sich urkundlich nachweisen lassen, sind sie bei Schul= tes aufgezählt. Für unseren Zweck sind sie aber ohne jegliches Interesse. Von beiden Brüdern Berthold und Albrecht gerieth zuerst Berthold in Verfall. Er suchte Hülfe bei seinem Bruder Albrecht, bot ihm seinen Länderantheil zum Kauf an, aber ohne Erfolg. Er hatte schon bei Lebzeiten des Vaters 20,000 Gulden Schulden gemacht, sein von ihm fertig gebautes Schloß in Römhild wurde ein Raub der Flammen, kurz — er war so gedrängt von Unglück und Schulden, daß er sogar einige deutsche Fürsten und Städte um Beisteuer wegen seines Brand= schadens und sonstigen Ungemaches ersuchen mußte, worauf er vom Bischof von Würzburg 200 Malter Korn und vom Markgrafen zu Brandenburg 1000 Gulden Unterstützung an Geld erhielt. Endlich überließ er, da er keine Kinder hatte, durch Kaufvertrag vom 19. No= vember 1548 die ganze Herrschaft Römhild seinen Schwägern, den Grafen von Mansfeld, gegen mäßige Bedingungen. Er erhielt einen gewissen Unterhalt und die Grafen von Mansfeld übernahmen im Uebrigen die Herrschaft um die Schulden. Er starb 1549 und sofort trat sein Bruder Albrecht mit seinen agnatischen Ansprüchen gegen das Haus Mansfeld auf und griff jenen Kaufvertrag als un= gültig an, da eine Separatbeleihung jedes Bruders, wie soeben be= merkt worden ist, nicht geschehen sei, also ein einseitiger Kauf= und Verkaufvertrag ohne seine Zustimmung keine Geltung haben könne. Dennoch erlangten die Grafen von Mansfeld Schutz in ihrem Besitz vom Kaiser Carl V. und wurden sogar mit den Reichslehnen des er= kauften Grafschaftsantheils im Jahr 1552 beliehen. Albrecht fühlte sich zu schwach, diesen Streit durchzufechten und entschloß sich zu einem feierlichen Testament, in dem er, da auch er kinderlos war, seiner Ge= mahlin und deren Brüdern, den Grafen von Stollberg, nicht etwa nur seine Rechte an Römhild förmlich vermachte, sondern sie zu Erben seines gesammten Nachlasses an Gütern, Gerechtsamen und beweglicher Habe einsetzte. Er starb ebenfalls 1549, wenige Monate nach seinem Bruder Berthold. Die Henneberg=Römhilder Linie war mit ihm er= loschen, aber der Streit über Albrecht's Nachlaß schlug in helle Flammen auf. Das erwähnte Testament enthielt folgende wesentliche Bestim= mung, die ich wörtlich mittheilen muß, weil ich Ihnen ein Bild von der Form, wie man solche Verfügungen in jener Zeit abzufassen pflegte, nicht vorenthalten darf. Der Graf verordnete unter dem 29. März 1466:

Und biewepll wir dan mit unsern herschafften, und allen und jeden unsern güttern, liegenden und varenden, eigen und Lehn auch andern unsern Rechten, nichts ausgeschlossen — — unsers Gefallens thun und lassen mögen — nemlich und biewepl erb= machung, institutio heredis zu latein genannt, ein wesentlich stuck ist eines jeden testaments, so machen, setzen, ernennen und in= stituiren wir in allen unsern herschafften und Schlossen und Be= hausungen, Staten, Ampten, Flecken, Dorffern und Güttern, Lehn, afterlehn, Erbzaigen und pfandschafften mit allen und jeden ihnen angehörigen Freiheiten, Rechten und Gerechtigkeiten — — auch daß wir hinfürter noch ererben und sonst bekommen, genz= lich hievon nichts abgesondert — die hoch und wohlgeborne Frawe Katarina, unser freuntlich lieb gemahl ihr leibß lebenlang und dan Herrn Wolffgangen, Herrn Ludwigen, Herrn Heinrichen, Herrn Albrechten, Jorgen und Herrn Criſtoffeln alle Herren zu Stollberg u. s. w. unsere freuntliche liebe Schwegern oder bo

3*

ihre Liebden einer oder mehr vor unſerm
tod werden abgehn, alsdann an derſelben v
Liebden eheleiblichen manlichen erben — alſ
toblichen Abgang ſolch obgemelt unſern gütt
eigen oder lehn unſer Gemahl ihr Lebelang,
gedacht, erblichen dyſer Geſtalt, daß nach
mahls unſere oberzelten verlaſſen Gütter u
mants anderß, dann unſere Schwegern v.
Erben behig ſein und beſitzen ſollen u. ſ. w

Es hatte ſich allerdings ein anſehnliches Kr
rial zuſammengewickelt. Berthold war für ſich
Albrecht in Gemeinſchaft und Keiner der beiden
Antheil an der Grafſchaft beliehen worden. Be
durch den Verkauf ſeiner Herrſchaft Römhild an bi
ſelb zunächſt ſeinen Bruder Albrecht. Dieſer abe
Teſtament die agnatiſchen Rechte der einzigen u.
nämlich der ſchleuſingiſchen, wenigſtens pochte dieſe
focht deshalb ebenſo wie Albrecht den Verkaufsver
jetzt das Teſtament Albrecht's als ungültig an.
zweifelhaft, ob dieſe agnatiſchen Rechte der Sch
waren, daß ſie den Repräſentanten der anderen, n
Linie hätten abhalten können, frei über ſeinen Beſ
jede der drei Hauptlinien bei ihrer Gründung 1
nicht in Gemeinſchaft mit den anderen, ſondern f
diviſo) zu Lehn erhalten hatte. Dieſe Theilung
ſtändige Grund= und Todtheilung. Es iſt
einer geſchichtlichen Darſtellung, den rechtlichen
Werth jener agnatiſchen Rechte zu prüfen, vielm
erzählen, in wie weit ſie in Wirklichkeit Geltung
rückſichtigung gefunden haben. Da wir nun ſchon
Carl V. die Grafen von Mansfeld mit der dem
gekauften Herrſchaft Römhild belieh, ſo folgt, ba
Staatsgewalt und vom Lehnhof jene agnatiſchen N
Kauf gegenüber nicht ſonderlich hoch angeſchlagen
Mansfelder blieben im Beſitz und verkauften R
an den Herzog Johann Friedrich den Mittleren v
glücklichen Freund des Ritters Wilhelm von Grum
ſen den erſten Schritt zur Erwerbung eines betr

Grafschaft Henneberg that und deshalb finden wir auch die Herrschaft Römhild unter den Besitzungen seines großen Sohnes, Herzogs Casimir von Coburg, wieder. Was das Testament des Grafen Albrecht betrifft, so schienen die agnatischen Rechte, die die Schleusinger Linie geltend machte, mehr Chancen zu haben, denn man ließ einen rechtlichen Unterschied zu zwischen dem Verkauf des Lehns und einer testamentarischen Verfügung über dasselbe zum Nachtheil des Agnaten. Zunächst ergriff nämlich Graf Wilhelm von Henneberg=Schleusingen Besitz von Albrecht's erledigter Grafschaft und erhielt sich dauernd in demselben. Sodann beantragte er beim Kaiser, wie schon angedeutet ist, Ungültigkeitserklärung des Testamentes, weil die ganze Grafschaft Henneberg dem Mannesstamm des gräflichen Hauses als Reichslehn verliehen sei, also die Wittwe des Grafen Albrecht als Frau gar nicht succediren könne und der Verstorbene, der mit allen Grafen von Henneberg einerlei Schild und Helm geführt habe, nicht berechtigt gewesen sei, testamentarisch, so wie geschehen, über seinen Antheil an der Grafschaft zu verfügen. Ueber diese Frage stritt man sich mehrere Jahre herum und unter dem 17. November 1553 erfolgte eine kaiserliche Entschließung, wodurch Graf Wilhelm von Henneberg=Schleusingen, ungeachtet des vorliegenden Testamentes, die „alten Römhilder Reichslehn, welche bei der Beleihung von 1405 unter König Ruprecht im Lehnbrief aufgeführt seien," wirklich zugesprochen erhielt, die Entscheidung bezüglich des übrigen Besitzes des Grafen Albrecht aber zum „künftigen Erkenntniß" ausgesetzt wurde. In dieser Unterscheidung der „Reichslehne" von dem „übrigen Bestande" der Besitzungen Albrecht's liegt der Grund, warum der Streit nie entschieden werden konnte. Die Testamentserben erklärten zwar, auf die der Schleusinger Linie zugesprochenen Reichslehne verzichten zu wollen, weil sie laut Kaiser Ruprecht's Lehnbrief in weiter nichts beständen, als in der Hälfte des Gerichts Benshausen, in einem Theil der Wildbahn im thüringer Wald und in dem vierten Theil der Cent und des Zolls von Münnerstadt. Mit desto größerem Nachdruck behaupteten sie aber ihr Recht auf den ganzen übrigen Besitz. Deshalb wurden beide Theile zur Fortsetzung des Streites über die Frage, auf welcher nunmehr der Schwerpunkt lag, nämlich: ob die ganze Grafschaft Reichslehn sei, wie Schleusingen behauptete, oder ob nur jene in Kaiser Ruprecht's Lehnbrief namentlich aufgeführten Besitzungen und Gerechtsame unter diesen Begriff fielen, wie die Testamentserben behaupteten,

vor das kaiserliche Kammergericht verwiesen. Zehn Jahre lang blieb
der Streit liegen. Natürlich! denn ursprünglich waren, wie ich schon
früher hervorgehoben habe, alle Besitzungen der Grafen von Henneberg
freies Eigenthum an Grund und Boden und erst im Lauf der Zeit
trugen sie Theile derselben dem Kaiser zu Lehn auf oder erhielten von
ihm neue Besitzungen als Lehen übertragen. Aber eine urkundliche
Feststellung dessen, was freies Eigenthum geblieben und was Lehn
geworden oder als Lehn übertragen worden war, mag unterlassen wor=
den sein. Man konnte eine klare Ausscheidung des freien und der
lehnbaren Eigenthums nicht fertig bringen und eben deßhalb war die
rechtliche Entscheidung über unseren Erbschaftsstreit unmöglich. Er
wurde zwar nicht alsbald, nachdem man sich hierüber klar geworden
sein konnte, liegen gelassen, aber der Graf Wilhelm von Henneberg=
Schleusingen überlebte ihn ebensowenig, wie sein Sohn und Nachfolger
Georg Ernst I., mit dem 1583 auch die Schleusinger Linie ausstarb.
Dieser Letzte seines Stammes hatte, wie ich etwas vorausgreifend be=
merken will, die Nachfolge in seine Grafschaft dem unglücklichen Herzog
Johann Friedrich dem Mittleren von Sachsen und seinen Brüdern ver=
tragsmäßig eingeräumt und so kam es, daß der Streit über Albrecht's
Nachlaß von Letzteren aufgenommen, aber erst 1672 durch einen Ver=
gleich beigelegt wurde, laut dessen das gräfliche Haus Stollberg, also
die Testamentserben, gegen eine Entschädigung von 24,000 Gulden
ihren sämmtlichen Erbansprüchen aus jenem verhängnißvollen Testament
entsagten. Die agnatischen Rechte hatten also doch eigentlich den Sieg
davon getragen, wenn er auch mit Geldopfern vollends erkauft werden
mußte.

Es bleibt mir jetzt nur noch übrig, Sie mit dem Schicksal der
Henneberg=Schleusinger Linie im Einzelnen bekannt zu machen, wodurch
ich Sie auf einen der Hauptpunkte des Zusammenhanges der henne=
bergischen und sächsischen Geschichte führen werde, nämlich auf den
Uebergang der Grafschaft Henneberg — so weit sie noch bestand —
in den Besitz der Herzöge von Sachsen und des Kurhauses Sachsen.

3.

Die **Henneberg=Schleusinger Linie** wurde gestiftet von Graf Berthold **V.**
dem ältesten Sohn des schon so oft genannten Heinrich's **III.** Er erhielt
bei der wichtigen Theilung 1274 den oben näher angegebenen Schleusinger

Anthell der ganzen Grafschaft — nämlich das Stammschloß Henneberg, die Schlösser und Aemter Schleusingen, Suhl, Maßfeld, Wasungen, Sand, Kaltennordheim, Behrungen, halb Themar, die Hälfte der Cent Benshausen und das halbe Gericht Kaltennordheim — und scheint der am günstigsten Bedachte gewesen zu sein. Die Residenz war in Schleu= singen. Die Schleusinger Linie bietet das meiste historische Interesse, ist vielfach verwebt mit der Geschichte der deutschen Kaiser und steht im engsten Zusammenhang mit der Geschichte des ernestinischen Fürsten= hauses. Schon von dem Stifter der Linie Berthold V. wissen wir, daß er sich mehrmals im Gefolge Kaisers Rudolph von Habsburg be= fand, aber noch viel mehr war sein Sohn, Graf Berthold VII., den, wir ja schon kennen (der älteste Sohn Berthold VI. war geistlich ge= worden und liegt in der Johanniterkirche in Würzburg begraben), in die Verhältnisse von vier Kaisern verwickelt. 1284 trat er die Regie= rung an, erwarb bald das Schloß Elgersburg und focht manche Fehde aus. Schon unter der Regierung Kaiser Albrecht's eröffnete sich ihm die politische Laufbahn, die ihn bis in sein spätes Alter fesselte und ihm die Möglichkeit bot, für seine Grafschaft die bedeutendsten Erwerbungen zu machen. Ich will aber seine politische Thätigkeit nur so weit ver= folgen, als sie ihm die Mittel verschaffte, die Ihnen schon bekannte neue Herrschaft mit Coburg dem Hause Brandenburg wieder abzu= nehmen und mit Henneberg zu vereinigen. Denn dieser Berthold VII. ist eben der Vater Heinrich's VIII., der mit Gräfin Jutta vermählt war, und Johann's I., von denen die Erstere nach ihres Gemahls Tod auf die neue Herrschaft abgetheilt wurde (1347). Und zur Erwerbung dieser neuen Herrschaft müssen sehr bedeutende Mittel nöthig gewesen sein. Zunächst ernannte ihn Kaiser Albrecht in Anerkennung seiner großen Verdienste um das kaiserliche Haus zum Statthalter von Schweinfurt und als dieser Kaiser von seinem Vetter, Herzog Johann von Oesterreich (paricida) ermordet worden war, zogen ihn die Kur= fürsten von Sachsen und Brandenburg zu den damals ziemlich ver= wickelten Geschäften der Wahl des neuen Kaisers herbei, die bekannt= lich auf Heinrich VII. (von Luxemburg) fiel. Dieser benutzte des Grafen Klugheit und Thatkraft zur Erwerbung des Königreichs Böhmen und zur Vermittelung der Heirath des jungen Grafen Johann von Luxemburg, Sohnes des Kaisers, mit Prinzessin Elisabeth von Böhmen, die auch zu Stand kam, nachdem Berthold die Braut abholen und nach Speier hatte führen müssen, wo die Vermählung mit dem inzwischen von dem böhmischen Adel zum König des Landes erhobenen jungen Grafen Johann höchst feierlich begangen wurde. Der Kaiser belohnte ihn dafür mit dem Versprechen, ihm 2000 Mark Silbers zu zahlen, verpfändete ihm dafür die Reichsstadt Schweinfurt, deren Statthalter er schon war, und erhob ihn 1310 in den erblichen Fürstenstand. Im folgenden Jahr that Kaiser Heinrich VII. seinen Römerzug, ernannte den jungen König Johann von Böhmen zum Reichsverweser und dieser Letztere übertrug dem Grafen Berthold VII. die Stelle eines General- gouverneurs — wie wir heute sagen würden — über Böhmen. Hier liegt die Quelle seines Reichthums. Aehnlich wie die römischen Pro- consuln zur Belohnung für ihre Dienste als Statthalter in eine ent- legene Provinz des Reichs geschickt wurden, worin sie eine Art Rechts- titel zur Erwerbung ungeheuerer Schätze erblicken durften, scheint auch Graf Berthold sein Generalgouvernement in Böhmen sich nutzbar ge- macht und dabei seines Vorgängers, eines Erzbischofs von Trier, Bei- spiel nachgeahmt zu haben, dem man nachredete, daß er einen ganzen Wagen voll Gold und Silber mit heimgefahren habe. Nun folgte, als Kaiser Heinrich starb, die zwiespältige Kaiserwahl und der traurige Kampf zwischen Ludwig von Bayern und Friedrich von Oesterreich, die Beide sich um die Freundschaft Berthold's, um „seinen Arm im Krieg und um seinen Kopf im Cabinet" bewarben. Ludwig von Bayern hatte, wie wir schon wissen, auch den Grafen Popo IX., Hartenberger Linie, in sein Interesse gezogen. Der Graf Berthold VII. von Henne- berg-Schleusingen benutzte das ihm von beiden Nebenbuhlern geschenkte Vertrauen zu seinem Vortheil, hielt es mit Beiden und je mit Dem- jenigen am wärmsten, der sich der jeweiligen günstigsten Lage im Reich erfreute. Beide Prätendenten überhäuften ihn mit Gnadenbezeugungen, die freilich bei der Finanzverfassung der deutschen Kaiser nicht immer goldigen Inhalts waren, aber der Kaiser Ludwig verlieh ihm abermals eine Statthalterschaft, und zwar über die ausgestorbene Mark Branden- burg im Jahr 1319 Zugleich bestellte er ihn zum Vormund über seinen vierjährigen Sohn, dem er Brandenburg zu Lehn reichte und für den er durch Berthold um die Hand der Tochter des Königs von Dänemark werben ließ, die er auch mit dem Versprechen einer Aus- steuer von 12,000 Mark Silbers zugesagt erhielt. Aber trotz aller Klugheit konnte er doch den ehelichen Vollzug des Verlöbnisses, also auch die Aussteuer nicht erreichen. Dies mag genügen, um erkennen zu lassen, daß der Graf 1312 die neue Herrschaft mit der Pflege

Coburg, wie ich oben schon erzählt habe, erwerben und 19,400 Mark Silbers dafür bezahlen konnte, eine Summe, die wohl schwerlich den Ersparnissen aus den Renennen der Grafschaft Henneberg-Schleusingen entstammte.

Die Geschichte hat dem Grafen Berthold den Beinamen des Weisen verliehen. Seine Gebeine ruhen im Kloster Veßra bei Themar, sein Herz wurde in dem von ihm gegründeten Collegialstift zu Schmalkalden aufbewahrt, wo er 1340 starb. In Bezug auf seinen Sohn Heinrich VIII., den uns schon bekannten Gemahl der Gräfin Jutta von Brandenburg, will ich hier nur als Curiosum nachholen, daß, da Beide in naher Blutsverwandtschaft mit einander standen, wie der hier folgende Stammbaumauszug ergibt (siehe S. 9):

1. Ehe.	Popo VII.	2. Ehe.
Berthold V., Stifter der Schleusinger Linie.		Hermann I.
Berthold VII.		Jutta, Markgräfin v. Brandenburg.
Johann I. Heinrich VIII.		Jutta, Gemahlin Heinrich's VIII.

und versäumt worden war, die päpstliche Dispensation von diesem Ehehinderniß einzuholen, Heinrich VIII. dem Banne verfiel und eine ansehnliche Geldsumme opfern mußte, um sich wieder aus demselben losgelöst zu sehen.

Ihm gelang es, zu seinen ausgedehnten Besitzungen noch Schloß und Amt Ilmenau durch Kauf an sich zu bringen. Von weiteren Erwerbungen wissen wir nichts, desto mehr aber von seiner großen Liberalität gegen Kirchen und Klöster.

Graf Heinrich VIII. verordnete ganz abweichend von dem bisherigen Erbfolgerecht im Hause Henneberg, daß nicht, da er kinderlos war, sein Bruder Johann I. sein alleiniger Nachfolger, sondern daß diejenige Abtheilung zwischen seiner Wittwe Jutta und seinem Bruder Johann eintreten solle, auf welche sich die uns nunmehr ausreichend bekannte Haupttheilung von 1347, also die Abtrennung der neuen Herrschaft mit Coburg von der Grafschaft Henneberg gründet. Diese Berücksichtigung der Frauen bei der Erbfolge in die Regierung ist übrigens nur selten vorgekommen und in welcher Weise Jutta's drei Erbtöchter nach ihrem Tode sich in die neue Herrschaft theilten, ist in der coburgischen Geschichte bereits vollständig entwickelt worden. Von Johann I. ist nicht viel und nichts von Bedeutung bekannt. Auch er

stand zu zwei Gegenkönigen des deutschen Reiches, Günther von Schwarz=
burg und Carl IV., in nahen Beziehungen, befand sich nach des Ersteren
Tod fast beständig im Gefolge des Kaisers Carl IV., der ihn zum
kaiserlichen Rath ernannte und dafür von ihm verlangte, daß er stets
mit vierzehn Pferden und ebenso viel Mannen den kaiserlichen Hof=
lagern beiwohnen mußte, aber ihn dadurch nur zu einem Aufwand
veranlaßte, den er nach dem Ausscheiden der neuen Herrschaft aus dem
Henneberger Ländercompler nicht mehr, wie es seinem Vater gelungen
war, bestreiten konnte. Die Folge war, daß er anfing, zu verpfänden
und zu verkaufen. Stift Fulda erhielt Nordheim, Roßdorf und Barch=
feld, die Grafen von Schwarzburg nahmen Ilmenau. Dagegen er=
warb seine Wittwe Elisabeth, Landgräfin von Leuchtenberg, die nach
seinem Tod 1359 eine vormundschaftliche Regierung führte einen neuen
Länderzuwachs. Eine der drei Töchter Jutta's, Gräfin Sophie, hatte
bekanntlich den Burggrafen Albrecht von Nürnberg geheirathet und ihm
ihre Güter, einen Theil der neuen Herrschaft, zugebracht. Diesen dem
Burggrafen zu entlegenen Besitz verkaufte er der verwittweten Gräfin
Elisabeth während jener Vormundschaft; er bestand in der Herrschaft
Schmalkalden, der halben Cent Benshausen, der Vogtei über das
Kloster Herrenbreitungen, dem Dorf und Gericht Broberoda und in
dem halben Schloß Scharfenberg. Für sich allein konnte freilich Gräfin
Elisabeth das Geschäft nicht machen, sie suchte deshalb Hülfe bei dem
Landgrafen von Hessen, der in Gemeinschaft mit ihr 40,000 Gulden
für jene Besitzungen bezahlte. Von diesem Kauf stammt die theil=
weise Erwerbung der Grafschaft Henneberg durch Hessen; die Land=
grafen besaßen nun den erkauften Ländercompler, in Gemeinschaft mit
Elisabeth, einen Theil zur Hälfte und den anderen zu ein Viertheil.

Als nach beendigter Vormundschaft und nach Ableben der Gräfin
Elisabeth Graf Heinrich XI. die Regierung antrat, verkaufte er drei
Viertheile von Barchfeld ebenfalls an Hessen, und zwar für 5200 Pfund
Heller. Außer noch weiteren Veräußerungen, namentlich Verpfändungen,
weiß übrigens die Geschichte kaum etwas von ihm zu melden und ich
will deshalb noch kurz die Regierung der nun folgenden vier Grafen
Wilhelm II., III., IV. und VI. besprechen.

Wilhelm II. ist derjenige Graf von Henneberg, von dem schon
bei der Erzählung der Geschichte der Römhilder Linie erwähnt wurde,
daß er die an Gräfin Richza von Schwarzburg gekommenen Besitzungen
Themar mit der Osterburg seinem Hause durch Kauf zurückerwarb.

Auch er erhielt von den Kaisern Ruprecht und Siegmund einige ehrenvolle Aufträge, aber schon sein schwärmerisch=religiöser Zug läßt darauf schließen, daß er bedeutender politischer Thätigkeit nicht fähig war. Er unternahm 1426 eine Wallfahrt zum heiligen Grab, wo er von den Türken erschlagen wurde. Dagegen war sein Sohn und Nachfolger Wilhelm III. in vortheilhafte Beziehungen zu der Geistlich=keit getreten, indem er die oben schon erwähnte Würzburger Mißwirth=schaft zu seinem Vortheil ausbeutete. Er schoß nämlich dem Stift nach und nach 22,000 Gulden vor und ließ sich dafür bedeutende Be=sitzungen, darunter auch das Amt Meiningen mit Vachdorf, Leutersdorf und Queinfeld (1434) verpfänden, was erst 1495 von einem Bischof Rudolf wieder eingelöst wurde. Auch charakterisirt es ihn und seine Zeit, wie er mit seinem minderjährigen Bruder Heinrich umging, um von ihm den üblichen Verzicht auf den Mitbesitz der väterlichen Lande zu erreichen. Damals nahm man nämlich in den fürstlichen und gräf=lichen Häusern sowie in den Ritterfamilien an, daß ein Jüngling mündig sei, wenn er die Waffen führen und namentlich, wenn er den Harnisch tragen könne. An ein bestimmtes, gesetzlich feststehendes Lebensalter waren Mündigkeit und Volljährigkeit noch nicht geknüpft. Als nun der Bruder vierzehn Jahre alt und leiblich groß geworden war, entbot Wilhelm nach Schleusingen 1436 alle hennebergischen Vasallen, ließ den Bruder von Kopf bis zu Fuß in Harnisch stecken und führte ihn gen Schleusingen in die Versammlung der Vasallen. Er trug ihnen vor, daß seines Herrn Bruders Libben sich entschlossen habe, ihm die alleinige Regierung der Grafschaft zu überlassen und die Vasallen aller ihrer Pflichten gegen ihn zu entbinden. Als aber die Versamm=lung die Rede erwartete, die der junge geharnischte Mann halten würde, schwieg der erstaunte und befangene vierzehnjährige Knabe und erlitt vom Grafen Wilhelm III. erst mehrere Rippenstöße, bis er ein einfaches „Ja" hervorstammelte. Dann wurde die Verzichts=urkunde ausgestellt und vollzogen und der junge Ritter erklärte, geistlich werden zu wollen, erhielt eine Rente von 300 Gulden und Graf Wilhelm III. war Alleinherrscher der Grafschaft. Freilich focht der junge Graf die Rechtsgültigkeit dieses Actes nach dem Tode des Bruders an, er erreichte aber nur wenig, wie wir sogleich sehen werden. Jener starb 1444 an der Wunde, die ihm ein wildes Schwein auf der Jagd zugefügt hatte, und wurde zu seinen Vätern im Kloster Veßra versammelt.

Jetzt rächte sich die Schleusinger Comödie. Der geharnischte Knabe, Heinrich XI., war ein geistlicher Herr, und zwar Domherr zu Cöln, geworden, hatte also die Süßigkeit des Herrschens kennen gelernt und trat mit großer Energie als Prätendent mindestens der halben Graf= schaft Henneberg=Schleusingen gegen seine minderjährigen Neffen, die hinterlassenen Söhne Wilhelm's III., auf. Trotz des formell klar vorliegenden von ihm selbst im Harnisch documentirten Verzichtes gelang es ihm, unter dem Abel und der übrigen Bevölkerung einen großen Anhang zu gewinnen und die Begriffe der hergebrachten recht= lichen Successionsordnung so zu confundiren, daß Niemand mehr wußte, wem er zu gehorchen und zu huldigen hatte, denn Graf Heinrich's XI. Anhang bewaffnete sich und eroberte ihm Schmalkalden und Wasungen. Das ist der große Familienzwist in der Schleusinger Linie, von dem ich oben erzählte, daß Graf Georg I. von Römhild berufen worden sei, ihn als Schiedsrichter beizulegen — und der die Veranlassung gab, daß das kurfürstliche und das fürstliche Haus Sachsen auf die Henne= berger Verhältnisse aufmerksamer wurden und besitzlüsterne Blicke auf die Grafschaft warfen. Sie folgten daher sehr bereitwillig dem Hülferuf, den die bedrängte Wittwe Wilhelm's III., die Mutter der drei minder= jährigen Grafen, zu deren Schutz gegen den Prätendenten an sie richtete. Durch die Autorität der Fürsten von Sachsen, die wirklich in die Henneberger Mißhelligkeiten eingriffen, kam es zu einem Schiedsgericht, welches in Haßfurt 1444 zusammentrat und aus dem Bischof von Würzburg, jenem Graf Georg I. von Henneberg=Römhild, Georg von Werthheim, Wilhelm von Castell und Conrad von Weinsberg bestand. Die Akten über diese interessante Verhandlung sind noch vorhanden und bei von Schultes Seite 239 abgedruckt. Das Schiedsgericht faßte den Beschluß, daß Graf Heinrich mit all seinen Ansprüchen abzuweisen sei und die Eroberungen sofort zu räumen habe. Der Beschluß wurde auf Betreiben des Kurfürsten von Sachsen der gesammten Henneberger Ritterschaft bekannt gemacht. — Heinrich unterwarf sich aber nicht, obgleich seine Appellation vom kaiserlichen Hofgericht abgewiesen worden war; vielmehr erklärte er seinem Vetter Wilhelm, dem ältesten der drei minderjährigen Grafen, nachherigem Grafen Wilhelm IV., förmlich den Krieg und es fand sich unter den fehde= und raublustigen henne= bergischen und benachbarten Rittern eine große Menge, die abermals zu Heinrich hielt, heillose Verwüstungen im Lande anrichtete und aus der allgemeinen Verwirrung ihren eigenen Vortheil zu ziehen suchte

und auch fand. Erst nach Ablauf eines Jahres kam durch das aber=
malige Dazwischentreten des Kurfürsten Friedrich des Sanftmüthigen
von Sachsen und seines Bruders Herzogs Wilhelm von Coburg, sowie
des Markgrafen von Brandenburg und des Landgrafen von Hessen
ein Ausgleich zu Stande, durch welchen Heinrich den lebenslänglichen
Genuß des Schlosses Kaltennordheim mit Zubehör und statt der schon
früher erwähnten Abfindung von 300 Gulden jährlich, eine Rente
von 350 Gulden erhielt. Von nun an verlief die Regierungszeit des
Grafen Wilhelm IV. ruhiger; er selbst freilich war nicht viel heimisch,
besuchte ebenfalls das heilige Grab und kehrte glücklich zurück, starb
aber auf einer Reise nach Italien in seinem 46. Jahre, wurde erst in
Botzen beigesetzt, aber 1482 ließ seine Wittwe die Leiche nach Kloster
Veßra bringen, um ihren Gatten im dortigen Erbbegräbniß der Grafen
von Henneberg=Schleusingen seine Ruhe finden zu lassen.

Auch jetzt trat eine vormundschaftliche Regierung ein, die bis 1495
dauerte. Nach dem frühen Tod der ältesten Brüder kam der nach=
folgende, Wilhelm VI., zur Regierung und erhielt auf einem Reichstage
zu Worms von Kaiser Maximilian I. eine sehr feierliche Beleihung.
Er übernahm die Regierung 1495. Wir treten also in die neuere
Zeit ein und sowohl diese, als die Persönlichkeit des Grafen, der
64 Jahre lang Regent war, sind die Veranlassung, daß ich etwas
länger bei der Behandlung dieser und der nächstfolgenden Regierungs=
zeit des Sohnes, Georg Ernst's I., verweile. Wilhelm VI. und Georg
Ernst I. sind ja auch die letzten Regenten der Schleusinger Linie; das
Ende des Geschlechts steht nahe bevor und der Zusammenfluß der
ganzen Grafschaft mit den sächsischen Landen beginnt sich zu vollziehen.
Und wenn bisher Alles, was ich Ihnen zu erzählen hatte, einen ge=
wissen kleinen, mehr auf die Personen der Henneberger Grafen bezüg=
lichen Charakter trug, so werden wir es jetzt mit größeren und allge=
meinen Interessen zu thun haben. Die Personen erscheinen nur als die
Träger derselben. — Es treten uns jetzt die ersten Spuren der Existenz
einer sogenannten Landschaft oder Ritterschaft entgegen, die sich der
Regierungsgewalt zur Seite stellt; die Reformation der Kirche mit
ihren großartigen politischen Motiven und Folgen verbreitet sich über
das Henneberger Land, die Socialdemokratie des fünfzehnten und sech=
zehnten Jahrhunderts bricht sich Bahn im Bauernkrieg, der unsere
Grafschaft viel empfindlicher heimsuchte, als die sächsischen Länder und
die wichtigen gegenseitigen Erbfolgeverträge zwischen Henneberg einerseits

und Sachsen, beziehungsweise Hessen andererseits für den Fall etwaiger beiderseitiger Kinderlosigkeit der jeweiligen Regenten werden geplant, dann entworfen, dann abgelehnt, bei Seite gelegt, wieder vorgesucht, abgeändert und endlich — abgeschlossen, während ein merkwürdiges Geschick die größte Hoffnung der Henneberger auf eine blühende Nach= kommenschaft vereitelt und sie dem Schicksal traurigen Aussterbens mit Beschleunigung preisgibt.

Im Anfang der Regierung Wilhelm's VI. wurde der Erwerb des Amtes Meiningen, welches, wie wir schon wissen, 1434 vom Stift Würzburg schwerer Schulden halber dem Grafen Wilhelm III. verpfän= det worden war, dadurch vorbereitet, daß zwar Würzburg die darauf ruhende Schuld von 22,000 Gulden zu fast drei Viertheilen abtrug, für den Rest aber das Amt dem Grafen Wilhelm VI. „in Amtmanns= weise," wie man das Rechtsverhältniß nannte, auf fünf Jahre über= ließ. In Folge dieses Verhältnisses hatte Wilhelm alle Einkünfte des Amtes auf eigene Rechnung zu beziehen, mußte aber in demselben für Handhabung der Rechtspflege sorgen, dasselbe in jeder Weise gegen feindliche Angriffe schützen und selbst dem Bischof von Würzburg im Falle der Noth mit Roß und Mann beistehen. Wir wissen zwar nicht, ob diese „Amtmannsweise" wirklich mit Ablauf der bedungenen fünf Jahre durch gänzliche Tilgung der Würzburger Schuld erlosch. Es scheint aber so, denn sonst würde es wohl dem Grafen leichter ge= worden sein, das Amt Meiningen definitiv an sich zu bringen, was ihm sehr bald ein schweres Opfer kostete. Die Cameralverfassung des Grafen war nämlich trotz Abtragung der Würzburger Schuld im Lauf der Jahre, namentlich durch den Bauernkrieg, durch splendide Hofhal= tung, reichen Kindersegen — es waren deren zwölf — heruntergekom= men. Aus dem ursprünglichen Gläubiger war ein Schuldner geworden, der seinen Drängern gerecht werden mußte, weil sie ihre Darlehen kündigten. Da mußten die früheren Schuldner, die Bischöfe von Würzburg, helfen, welche dem Grafen vorschlugen, ihm das Amt Mei= ningen definitiv zu überlassen, wenn er dem Stift dagegen sein schönes und reiches Schloß und Amt Mainberg bei Schweinfurt vertauschen und noch eine Aufzahlung annehmen wolle. Letztere wurde, da Wil= helm auf den Handel einging, auf 170,000 Gulden vereinbart (1541). Würzburg behielt sich aber den Heimfall des Amts Meiningen an das Stift für den Fall des kinderlosen Absterbens des Hauses Henneberg vor, den der mit zwölf Kindern gesegnete Wilhelm als auf einen wohl nie eintretenden Fall auch verwilligte. Graf Wilhelm konnte das Opfer nur deshalb einigermaßen verschmerzen und weniger hoch an= schlagen, weil er durch den Besitz von Meiningen eine bessere Abrun= dung und Zusammenlegung seiner Besitzungen gewonnen und sich die drängendsten Gläubiger vom Halse geschafft hatte.

In den ersten Regierungsjahren des Grafen Wilhelm VI., in jener sogenannten meininger Amtmannszeit, scheint er nicht genöthigt gewesen zu sein, seine Verpflichtung, das Amt mit den Waffen zu schützen, ausüben zu müssen und hing deshalb seiner religiösen Schwär= merei nach, von der er als junger Mann durchaus nicht frei war. Er gründete 1498 in Grimmenthal bei Meiningen einen Wallfahrtsort, · der viele Tausende zur Anbetung des wunderthätigen Marienbildes herbeizog, dadurch aber auch ein Tummelplatz für abergläubische und üppige Müßiggänger beiderlei Geschlechts wurde, so daß es ihm und seinem Sohn Georg Ernst I. zum großen Verdienst gereicht, als beide Herren durch den Einfluß der lutherischen Lehre kühler in ihrer Ver= ehrung des Klerus wurden, die Stiftung in ein reich botirtes Hospital umgewandelt zu haben. Dieselbe weiche Seite seines Charakters, die ihn zur Stiftung des Wallfahrtsortes veranlaßt hatte, verwickelte ihn in die unter dem Namen der bayerischen Fehde bekannten und für ihn mit der Reichsacht endenden Streitigkeiten. Er stand nämlich seit seinem früheren längeren Aufenthalt am pfälzer Hof in enger Freund= schaftsbeziehung zu Pfalzgraf Ruprecht, welchen ein Herzog Georg von Bayern, der keine Söhne hatte, als den Gemahl seiner Tochter testamentarisch zum Erben und Nachfolger ernannt hatte, was er nach der pfalz=bayerischen Hausverfassung nicht durfte. Ruprecht gerieth dadurch in eine ernstliche Fehde mit den agnatischen Erben Herzogs Georg in Bayern und rief neben anderen Fürsten auch seinen Freund Wilhelm von Henneberg zu Hülfe, der ihn und nach Ruprecht's Ableben auch noch dessen Kinder mit bewaffneten Haufen unterstützte. Deshalb ver= hängte Kaiser Maximilian I. über Wilhelm sowie über sämmtliche Bundesgenossen Ruprecht's und über diesen selbst die Reichsacht. Sie wurde aber bei der Gutmüthigkeit des Kaisers, die wir bald näher kennen lernen werden, nach kurzer Zeit wieder aufgehoben und scheint den Grafen Wilhelm in seiner Regententhätigkeit nicht lange genirt zu haben, denn wir erfahren um dieselbe Zeit von verschiedenen und nament= lich von einer sehr scharfen gegen den Kleiderluxus seiner Unterthanen gerichteten Polizeiverordnung, die ähnliche, uns schon bekannte, Maß=

regeln anderer Fürsten, z. B. des Herzogs Casimir zu Coburg, zur Folge hatte. Eines freilich ahmte ihm unser Casimir nicht nach, näm= lich das Verbot des damals sehr üblichen Zutrinkens, worin Wilhelm so weit gegangen war, daß er verordnete, es dürfe kein Ritter oder Edelmann bei einem Gulden Strafe dem anderen „zu ganzem, halben oder gemessenen" Maße zutrinken. Der Adel widersetzte sich diesen heilsamen Verordnungen so weit er nur konnte, denn die fränkische Ritterschaft, die ein schon früher mit Wilhelm vereinbartes Schutz= bündniß erneuerte, erklärte ihm bei Gelegenheit des Erneuerungsver= trages rundweg, daß sie an jene Trinkordnung sich nicht gebunden er= achten wolle.

Inzwischen hatte das Lutherthum in Mittelbeutschland sich zu ver= breiten begonnen. In Henneberg hatte es zwar noch nicht in den Kirchen und Herzen Eingang gefunden, aber mißverstandene Lehren desselben von der Freiheit des Denkens im Gegensatz zum katholischen Wort= und Autoritätenglauben spukten in den Köpfen, indem man an eine Gleichheit des irdischen Besitzes und an eine Theilung der Güter ebenso, wie es die heutige rohe Socialdemokratie gethan hat, nur gar zu gerne glaubte. Es waren nicht nur schwäbische Bauernhorden, die im Bauernkrieg die Grafschaft Henneberg verwüsteten, sondern auch vom Schwindel derselben angesteckte Bauern hennebergischer Dörfer hatten sich ihnen angeschlossen und Graf Wilhelm konnte die Verheerung und Zerstörung der Schlösser und Aemter Salzungen, Schmalkalden, Meiningen, Wasungen, Henneberg, Osterburg, Lichtenberg, Bibra, Schweikershausen, Nordheim u. A. m. nicht hindern. Die Klöster und Kirchen Trostadt, Veßra, Herren= und Frauenbreitungen erlitten das= selbe Schicksal. Dem Grafen erwuchs aus den rauchenden Trümmern seiner schöner Schlösser und Burgen, so mancher Städte, Dörfer, Kir= chen und Klöster die Ueberzeugung, daß ein reiner Hofstaat, wie er bisher bestanden und der nur den Glanz des gräflichen Hauses, nicht aber eine gedeihliche Wohlfahrt und Bildung der Bevölkerung zum Zweck gehabt hatte, den Stürmen des Bauernkrieges und etwaigen künftigen ähnlichen Excessen nicht gewachsen sei und daß er es sich zur Aufgabe machen müsse, wenigstens den Grund zur Umwandlung des Hofstaates in einen Rechtsstaat, wenn auch nur nach den bescheidenen Begriffen und Ansprüchen des sechzehnten Jahrhunderts, zu legen. Daraus entstanden die oben schon erwähnten Gesetze und namentlich die von seinem Kanzler Johann Gemeln verfaßte Landesordnung der fürstlichen Grafschaft Henneberg von 1539. Bis zu dieser Zeit hatte man in Henneberg ebensowenig wie in Sachsen und in vielen anderen Territorien für Handhabung der Rechtspflege und namentlich des Prozesses irgend welche Gesetze und das damals zur Reception gelangende, noch gar wenig ausgebildete und wissenschaftlich durchdrungene römische Recht bot dem Richter die einzige schwankende Handhabe. — Auch der lutherischen Lehre trat Wilhelm VI. näher. Seine nicht unrichtige Ueberzeugung, daß der Bauerntumult seine letzte Quelle in einer verkehrten Auffassung der durch Luther vertretenen Freiheitsidee gehabt habe, konnte sich dennoch den Erfolgen unmöglich verschließen, die der große Reformator überall in Mitteldeutschland und namentlich in dem benachbarten Sachsen errungen hatte. Wilhelm wagte aber nicht, sich ein eigenes Urtheil über den Werth des Lutherthums zu bilden und räumte deshalb, aber wohl auch wegen seines vorgerückten Alters, seinem Sohn Georg Ernst 1543 eine gewisse Mitregentschaft ein. Er suchte für sich und seinen Sohn Klarheit über die lutherische Reformation zu gewinnen, betrat aber einen sonderbaren Weg, um zu derselben zu gelangen, indem er seiner gesammten Geistlichkeit, die also noch rein katholisch war, über zweiunddreißig Hauptsätze Luther's ein Gutachten abforderte. Wie dies ausfiel, kann man sich wohl denken. Aber er konnte ungeachtet dieses sogenannten „Pfaffengutachtens" der mächtigen Strömung nicht widerstehen und führte 1544 die Reformation in seinen Landen mit sehr viel Milde gegen die Geistlichkeit ein. Er selbst trat nicht zu der neuen Lehre über, wohl aber sein Sohn, Mitregent und Nachfolger Georg Ernst I. Eine Folge jener Milde war es, daß die Kloster- und Kirchengüter nicht mit der gräflichen Kammerkasse vereinigt wurden, wie es in Sachsen vielfach geschah. Seine Finanzen blieben nach der Aufhebung der reichen Stifte so schlecht wie vorher; nicht einmal der Mainberger Handel konnte ihnen aufhelfen und dem benachbarten sächsischen und kursächsischen Fürstenhaus entging es nicht, daß Henneberg früher oder später sich werde bequemen müssen, auf Verhandlungen einzugehen, die seine Fortexistenz ermöglichten.

Der Kurfürst Moriz von Sachsen that in dieser Beziehung den ersten Schritt. Vorher hatte schon der Herzog Johann Friedrich der Unglückliche das Schloß Elgersburg, was ihm verpfändet war, nachdem es Graf Berthold VII. erworben hatte, eigenthümlich an sich gebracht. Moriz bewarb sich auf vertraulichem Weg bei Wilhelm um die Erbfolge in dessen Länder, falls Henneberg aussterben sollte, bot

ihm aber nichts dafür und wurde deshalb natürli
wiederholten derartigen Bewerbung setzte Wilhelm
entgegen: Kurfürst Moriz oder dessen Bruder un
sollten beim kinderlosen Absterben der Henneberger
der Grafschaft gelangen; mittlerweile sollten aber
gierung unverändert fortführen und im Genuß
bleiben — was sich doch wohl von selbst verste
ihnen unbenommen sein, gegen Verpfändung der (
zelner Theile derselben 200,000 Gulden aufzuneh
Kurfürst alsbald dem Grafen 350,000 Gulden
Kaufgeld, voraus erlegen und die ganzen Kosten b
tragen. Wäre der Kurfürst von Sachsen hierauf e
wohl Graf Wilhelm mit Aufnahme des Darlehen
ben nicht lange gezögert, der Kurfürst hätte ei
Grafschaft zu erwarten gehabt, Wilhelm aber wäre
Besitz der für jene Zeit enormen Summe Geldes v
Million Gulden gelangt. Das war denn doch selbs
Kurfürsten zu theuer, obgleich der Aussterbefall
lag, denn Herzog Ernst's 1562 geborener Sohn u
Kurfürst Moriz starb 1553 und sein Bruder u
fürst August von Sachsen brach die Unterhand
aber später dennoch einen Theil der Henneberge
werben wußte — und zwar sehr billig —, werden
Geschichte erfahren.

Graf Wilhelm war über die Intentionen Sach
Grafschaft genau unterrichtet und ergriff nun sei
um zum Ziel zu gelangen und wenigstens seine S
den. Er ließ den drei fürstlichen Brüdern erneu
Herzog Johann Friedrich dem Unglückliche
helm und Johann Friedrich dem Jüngeren,
nicht abgeneigt sei, mit ihnen einen gegenseitiger
abzuschließen; er glaubte wohl, hierin das Mittel
reicheren Kurfürst August von Sachsen, wenn di
des ernestinischen Hauses, mit Graf Wilhelm zu u
würde, doch noch zu disponiren, auf die extravaga
zugehen, mit denen er erst vor wenigen Monaten
gewiesen worden war. Aber er irrte sich. Der Ku
venirte nicht und so kam im September 1554 zu K

Vertrag zwischen den genannten drei Herzögen zu Sachsen und zwischen Henneberg, beziehungsweise zwischen den Landgrafen von Hessen, zu Stande, der bestimmte:

1) daß, wenn der Henneberger Mannesstamm erlöschen würde, die erledigte Grafschaft dem ern est inischen Hause Sachsen erblich zufallen solle;

2) daß dagegen Letzteres von den Henneberger Schulden eine bestimmte Summe, die man auf 130,474 Gulden 6 Groschen unter Namhaftmachung der einzelnen Gläubiger sehr genau specificirte, alsbald zu übernehmen und in dieselben einzutreten hätte;

3) daß, wenn Henneberg nicht aussterben würde, jene Summe als ein verzinsliches Darlehen betrachtet werden und dem Hause Sachsen die ganze Grafschaft verpfändet sein solle;

4) daß in jedem Falle, selbst wenn Henneberg diese Pfandschuld noch abtragen würde, nach seinem Aussterben allerdings, wie unter Nr. 1 bestimmt war, zunächst die zur Zeit lebenden Herzöge zu Sachsen ern estinischer Linie, nach deren allenfallsigen Aussterben aber das Kurhaus Sachsen succediren und wenn auch dieses erloschen sein würde, die Grafschaft dem jeweiligen Landgrafen von Hessen erblich zufallen solle;

5) daß nach dem etwaigen Aussterben der gesammten fürstlichen Häuser Sachsen, sowohl ernestinischer, als albertinischer Linie, also auch Kursachsens, vor Henneberg, diesem Letzteren die Pflege Coburg zuzufallen habe, worunter man damals die Aemter und Schlösser Coburg, Heldburg, Königsberg, Hilburghausen, Sonnefeld, Eisfeld, Neustadt an der Haide, Rodach, Ummerstadt, Sonneberg und Neuhaus verstand, und

6) daß übrigens unter allen Umständen, wenn Henneberg aussterbe, die Landgrafen von Hessen in die halbe hennebergische Herrschaft Schmalkalden succediren sollten (die andere Hälfte war schon hessisch, siehe S. 42).

Kaiser Carl V. bestätigte diesen wichtigen Vertrag unter dem 20. Januar 1555. Hierfür mußten die drei sächsischen Herzöge noch 3200 Gulden kaiserliche Kanzleiporteln bezahlen; auf diesen Betrag hatte man die ursprüngliche Liquidation von 4240 Gulden ermäßigt. Und was hatten sie für alle diese Opfer gewonnen? Die Hoffnung auf den bereinstigen Besitz der schönen Grafschaft, aber noch lange nicht

diesen Besitz selbst, denn noch war Henneberg nic
überdies lebte noch der Kurfürst August von
hennebergischen Länder nicht aus dem Auge verlo

Am besten stand Graf Wilhelm von Henneb
großen Theil seiner Schuldner los, hatte keinen
die Kanzleisporteln bezahlt und freute sich des r
Grafschaft. Kein Gläubiger meldete sich mehr in
singen, sondern die zudringlichsten waren nach
dirigirt, wo die erneftinischen Paciscenten residirten

Graf Wilhelm brauchte nun auch die Jud
deren es schon viele in Henneberg gab. Wie un
führlich erzählt, war es ihnen schon vorher nicht bes
Sie erhielten zwar einen Schirm= und Schutzbrief
nicht viel, denn er verordnete, daß die Juden die
sollten, wie andere Unterthanen, daß sie aber das
lich 84 Gulden und seinem Trompeter jährlich 20
und 210 Malter Hafer zur gräflichen Hofhaltung
Kein Jude durfte einem Henneberger Unterthan in
leihen; borgten sie mehr, so genossen sie bezüglich b
Rechtshülfe. Zwar durften sie vom Gulden wöch
Zinsen nehmen, wenn sie aber den Zins über ein
oder gar Zins auf Zins berechneten, wurde die g
confiscirt. Dieser Schutzbrief ist datirt zu Maßf
ber 1552 und kann in der von Schultes'schen Urku
Nr. 265 nachgelesen werden. Er ist also vor b
ausgestellt. Eine Abänderung seiner zweifelhaften
fahren wir aber, so lange die Grafen von Henneb
der Kahlaer Vertrag stellte auch die letzteren so l
Juden gefällig zu sein, keine Veranlassung haben r
ten sie nicht.

Lange Zeit genoß Graf Wilhelm VI. diese g
Lebens nicht, er starb am 24. Januar 1559, w
worden und wurde in der Klosterkirche zu Veßra
wie schon angedeutet worden, zwölf Kinder, darun
benen ihn aber nur zwei, Georg Ernst I., den
als Mitregent angenommen hatte, und Popo XII
Ernst I. war in einem, kurz vor Wilhelm's Tod
noch ausdrücklich zum alleinigen Nachfolger in

Popo XII. nur für den Fall des unbeerbten Ablebens des Ersteren zu dieser Würde ernannt worden. Von Wilhelm's vor Popo verstorbenen Sohn Christoph muß ich Ihnen aber doch einige charakteristische Züge erzählen, wenn auch seine Person auf die Geschichte der Grafschaft ganz ohne Einfluß geblieben ist.

Graf Christoph war ein abenteuerlicher Mann und steht als solcher ebenso, wie sein Name, fast einzig in der Genealogie der Henneberger Grafen da. In manchen Zügen gleicht er jenem Herzog Siegmund von Sachsen, der auch der einzige Siegmund unter den sächsischen Fürsten war. Christoph war Georg Ernst gegenüber der ältere Sohn, also eigentlich zum Nachfolger des Vaters berechtigt. Man bestimmte ihn aber, wahrscheinlich, weil man ihn bald durchschaute und zu einem regierenden Grafen nicht für geeignet hielt, zum geistlichen Stand und zur Verzichtleistung auf die Succession. Er wurde Domherr in Bamberg, Straßburg und Würzburg und konnte sich also kaum ein besseres Leben wünschen, aber er litt an einer unüberwindlichen Scandalsucht, die ihn in so viele ärgerliche Händel verwickelte, daß er sich als Geistlicher unmöglich machte. In Würzburg namentlich überließ er sich allen Ausschweifungen, schwärmte in der zweideutigsten Gesellschaft Nächte hindurch auf den Straßen umher und erschlug sogar, als er einmal festgenommen werden sollte, einen Diener der Obrigkeit, nachdem er Insultirung und Mißhandlung der Nachtwächter zu seiner Lieblingsbeschäftigung gemacht hatte. In Folge solcher Auftritte mußte er Würzburg verlassen, dem geistlichen Stand entsagen und verlor seine Pfründen. Dennoch gelang es ihm, auf Fürsprache seines Bruders Johann, der damals noch Abt in Fulda war, aber bald, und zwar schon vor seinem Bruder Popo, starb, päpstliche Begnadigung zu erlangen und trotz seiner wüsten Vergangenheit, die ihm in Würzburg alle Achtung entzogen hatte, gerade in Würzburg wieder zum Domherrn ernannt zu werden. Als solcher trat er dann zur evangelischen Kirche über und gab also seine geistliche Stellung freiwillig auf. Er versuchte, sein Erbfolgerecht in die Regierung der Grafschaft Henneberg trotz seiner Verzichtleistung wieder geltend zu machen, erreichte aber mit seinen hierauf gerichteten Bestrebungen gar nichts weiter, als daß er den Zorn des Grafen Wilhelm VI., seines Vaters, in vollstem Maße auf sich lud. Er trat daher in württembergische Kriegsdienste unter Herzog Ulrich und starb endlich zu Römhild mit Hinterlassung einer Baarschaft von zwei Gulden zwei Groschen. Er hatte vor seiner krie-

gerischen Laufbahn seinen Vater um dessen Einwilligung zu seiner Ver-
heirathung gebeten, die ihm aber versagt wurde. Er lebte deßhalb
wildehelich und hinterließ illegitime Kinder. Zu den den Grafen von
Henneberg verliehenen kaiserlichen Privilegien gehörte zwar auch die
Befugniß, eine nicht unbedeutende Anzahl wilder Sprossen legitimiren
zu dürfen. Graf Wilhelm machte aber zu Gunsten der Kinder Christoph's von diesem Rechte keinen Gebrauch und trug dadurch gewisser-
maßen zu der Beschleunigung des kinderlosen Absterbens seines Hauses
mit bei. Wäre damals der Kahlaer Vertrag schon abgeschlossen gewesen, so hätte er wahrscheinlich den dem Sohn verweigerten Ehe-
consens ertheilt, um den Vollzug des Vertrags möglichst hinauszu-
ziehen. Von seiner Stimmung gegen seinen Sohn Christoph zeugen zwei noch vorhandene, an ihn geschriebene Briefe, aus denen ich
folgende Stelle wörtlich mittheilen will. In dem einen Brief von 1531
schreibt er:

„Sohn Christoffl! Wir wullen Dir gern als ein guetiger
Vadter seinem gehorsamen Son, wue Du der werest, schreiben.
Du gibst uns so groß und beweglich Ursach, daß wir es billig
unterlassen, dhan wir sind willens gewest, in Unser Herrschaft
Sachen gen Würzburg reiten, seint wir durch Dein gottloß un-
erbarlichs und unchristliches leben und wesen, das Du first, ver-
hindert worden. — Wue Du nit anders handeln wilt, denn wie
bisher geschehn, die Leut uff der Straßen zu überrennen, in
Deinem eigenen Hof und uff der Gassen zu schlagen, so wirdest
Du umb Deine Pfründt kommen, So solt Du uns, diweil wir
leben, nit wider zu Haus kommen. Got muß es erbarmen, daß
wir all so bil uf Dich gelegt haben, damit wir Dir zu einem
erlichen Stand geholfen — und Du solches so gar übel anlegst,
daß wir uns schemen müssen und nit allein der schändlichen
bösen Huren halben, sundern auch, daß Du sogar umb Dein
Ehr, guet Gerücht, Träue und Glauben komst, daß jedermann
spricht, was Du sagest, das sei der mehrer theil erlogen. — So
handelst Du, hinter uns die Pfründen zu verkaufen, welches unser
will nit ist, denn sie seint uns so leichtlich nit ankomen, das wir
sie Dir vergönnen sollten zu verkaufen — würdest Du es aber
darüber thun, so sehe Dein Abentheuer und wollest diese Schrift
zum öfteren lesen, damit Du besto bas erfahren magst, was
unser Gemuet ist."

In dem anderen Brief steht:

„So Du Dich nit besserst und ein ander erbaulich Wesen für Dich nimmst, und wue Du nit angesichts dies Briefs die Pfaffenhure von Dir gar hinweg thust, und zu jrem Manne heimjagst, so solt Du Dich hinfürter keines väterlichen Guets zu uns versehen und wollest Dich unser Person auch unser Herschaft und aller Schlosser entäussern, denn wir Deiner verlogen Schriften und Worten, so Du uns der schentlichen Hure und großen Jglbalgs halben gethan, verdrüßig worden seint" u. s. w.

Was den Grafen Popo XII. betrifft, so sehen wir aus seinen Verhältnissen deutlich, wie eifrig der alte Graf Wilhelm bemüht war, sich einer reichlichen Nachkommenschaft zu versichern und den Anfall seiner Länder an Sachsen zu hintertreiben. Popo war schon vor dem Kahlaer Vertrag, als man sah, wie wenig Aussicht Georg Ernst auf Nachkommenschaft hatte, zur Eingehung einer Ehe disponirt worden. Er war ebenfalls Domherr gewesen, ging aber auch, wie Christoph und Georg Ernst zur lutherischen Lehre über und trat aus dem Klerus aus. Seine Gemahlin starb aber, ohne ihm Kinder geschenkt zu haben. Inzwischen war der Kahlaer Vertrag abgeschlossen worden. Georg Ernst war noch immer kinderlos und man that alles Mögliche, den Grafen Popo zu einer zweiten Partie zu verhelfen und stattete ihn deshalb sogar mit Gütern aus. Im Jahr 1562 trat er in die zweite Ehe, aber auch diese war nicht gesegnet. Er starb 1574. Georg Ernst war 1559 bereits zur Regierung gelangt; auf ihm beruhte also die allenfallsige Fortpflanzung des Grafenhauses nunmehr ganz allein, aber er war der letzte Henneberger.

Und doch war er der Erste unter ihnen, der als Regent ganz andere Bahnen betrat, wie sein Vorgänger. Wir erfahren in der Zeit seiner Regierung nichts mehr von Güterverkauf und Länderverpfändung, von Fehde und Kampflust einerseits und von Kirchen= und Klosterdotation andererseits. Diese hatten ja mit der Reformation Luther's, deren er sich mit viel Eifer und Wärme annahm, ohnehin ihr Ende gefunden und an die Stelle jener Fehden trat sein ehrlicher Kriegsdienst, den er schon vor Antritt der Regierung dem Kaiser Carl V. gegen die Türken leistete. Gleich im Anfang seiner Regierung war es die Hebung oder vielmehr die Schöpfung des Schulwesens, dem er alle seine Kräfte und seine Sorgen widmete und wodurch die Physiognomie seines Landes gegen die frühere Zeit eine wesentlich andere wurde. Besonders lag ihm daran, für die ganze Grafschaft eine all= gemeine höhere Schule zu errichten, in welcher die Jünglinge aus= reichende Vorbildung für den Besuch einer Universität finden könnten. Zum Sitz dieser Schule bestimmte er Schleusingen und legte hiermit den Grund zu dem späteren Schleusinger Gymnasium. Er be= nutzte dazu einen Theil der aus der Aufhebung der katholischen Kirchen und Klöster gewonnenen Geldmittel. In dem vormaligen Augustiner= kloster zu Schleusingen fanden bald gegen dreißig junge Leute freie Wohnung und Kost neben dem nothwendigen wissenschaftlichen Unter= richt und beständiger guter Aufsicht. Aufgenommen wurden nur Lan= deskinder, die Fähigkeiten zum Studiren besaßen. Für die sechs Tüch= tigsten unter diesen Zöglingen stiftete er außerdem noch Stipendien von je 45 Gulden und 35 Gulden, die sie während der akademischen Jahre beziehen sollten. Aus dieser Freistätte bildete sich die später berühmt gewordene Communität. Die Anzahl der Schüler im Ganzen mit Einschluß des Gymnasiums stieg bald auf fast 300, so daß die Ge= werbthätigkeit und der Wohlstand der Stadt Schleusingen durch diesen Zuzug junger Leute einen sehr merklichen Aufschwung finden konnte.

Was die politische Gesinnung des Grafen Georg Ernst in Bezug auf seine muthmaßlichen Nachfolger, die Herzöge von Sachsen, betrifft, so hatte er vor derselben namentlich um deßwillen die größte Achtung, weil sie sich, wie er selbst, zur evangelischen Lehre bekannten. Aus demselben Grund erfüllte es ihn mit einer sehr peinlichen Sorge, daß Meiningen, welches nach dem Aussterben Hennebergs an Würzburg zurückfallen sollte, nach seinem Tode wirklich an diese erzkatholische Macht gelangen würde, denn trotzdem er bereits zur zweiten Ehe ge= schritten war, hatte er noch keine Kinder und der Anfall seiner Länder an Sachsen beziehungsweise Hessen und Würzburg stand nahe bevor. Graf Georg Ernst war ein alter Herr geworden, jede Aussicht auf Nachkommenschaft war verschwunden. Er vermittelte deßhalb eine Conferenz sächsischer und Würzburger Räthe in Mellrichstadt, um den Bischof Julius zu disponiren, gegen irgend welche Vergütung auf jenes Heimfallrecht zu verzichten. Erreicht wurde aber mit dieser Verhand= lung nichts und Georg Ernst mußte seine Sorge, sein liebes Meinin= gen dem Krummstab wieder preisgegeben zu sehen, mit in's Grab nehmen. Er starb am 27. December 1583 im zweiundsiebenzigsten Jahre seines Lebens. Er war der Letzte seines Geschlechts geblieben. Auch die Schleusinger Linie des alten Grafengeschlechts war erloschen. Der

entseelte Körper wurde von Schloß Henneberg, wo sich der Graf zu=
fällig aufhielt und, von einem heftigen Fieber erfaßt, seine Seele aus=
hauchen mußte, nach Maßfeld und von da unter Beobachtung von
bisher nie gesehener prachtvoller Feierlichkeit nach Schleusingen geschafft,
wo nach Aufhebung des Klosters Veßra das Erbbegräbniß errichtet
worden war.

Bevor ich die Erzählung der Schicksale des gräflichen Hauses
Henneberg ganz abschließe, die sich bis jetzt fast nur mit den Männern
dieses alten Geschlechtes befaßt hat, darf ich nicht versäumen, auch einer
Dame desselben zu erwähnen, von welcher uns eine geschichtlich sicher
verbürgte Anecdote überliefert worden ist.

Eine Schwester des letzten Grafen Georg Ernst, Gräfin Katha=
rina, war einem Grafen von Schwarzburg vermählt gewesen und
hatte als Wittwe Schloß und Amt Rudolstadt überwiesen erhalten.
Auf dem Schloß residirte sie, als 1547 der Herzog Alba nach der
Schlacht von Mühlberg in Begleitung Kaisers Carl's V. die Gegend
mit seinen Kriegshorden durchzog, die bekanntlich der Schrecken der
thüringischen, sowie jeder Bevölkerung waren, die das Unglück hatte,
mit ihnen in Berührung zu kommen. Die Gräfin wirkte daher vom
Kaiser einen Schutzbrief für ihr Land gegen willkürliche Contributionen
aus und machte sich dagegen verbindlich, gewisse Verproviantirungen
der Truppen gegen billige Bezahlung liefern zu lassen. Auf diesen
Schutzbrief als auf ein kaiserliches Wort vertrauend, erfüllte sie ihrer=
seits pünktlich ihr Versprechen. Als Herzog Alba in Begleitung des
Herzogs von Braunschweig in die Nähe von Rudolstadt kam, meldete
er sich, den Herzog von Braunschweig und mehrere Kriegsoberste seines
Gefolges eines Tages bei der Gräfin zu einem bescheidenen Morgen=
imbiß an. Die Gräfin konnte natürlich den gefürchteten Gast nicht
abweisen und ließ dem Herzog eröffnen, die Herren seien willkommen;
was sie bieten könne, werde sie gern darreichen. Auch die in Folge
der Anwesenheit des Feldherrn in nächster Nähe des Schlosses lagern=
den Truppen fürchtete sie nicht, denn der kaiserliche Schutzbrief lag ja
in ihrer Truhe. Der Herzog Alba erschien mit seinem Gefolge auf
dem Schloß, wo die Gräfin in Eile eine sehr einladende Tafel hatte
herrichten lassen und man freute sich der thüringischen Gastfreundlichkeit
und der artigen Aufnahme. Die Herren hatten kaum Platz genommen,
als ein Eilbote im Schloß erschien und der aus dem Saal gerufenen
Gräfin die Meldung brachte, daß spanische Soldaten ganz in der Nähe

den Bauern die Ochsen gewaltsam aus den Ställen geführt und weg=
getrieben hätten. Entrüstet über diese Wortbrüchigkeit eilte Katharina
in den Saal zurück, holte den Schutzbrief des Kaisers herbei und
klagte den am Tisch sich ergötzenden Kriegern, was sie soeben erfahren
hatte. Als diese den Vorfall sehr leicht nahmen und ihr gleichgültig
lachend erwiderten, das ließe sich nicht ändern, der Soldat wolle leben,
es sei eben so Kriegsbrauch, — loderte der Zorn der muthigen Dame
auf und mit dem Schutzbrief in der Hand rief sie den Gästen zu:
„Das wollen wir sehen — bei Gott! — Fürstenblut für Ochsenblut!"
Sie eilt aus dem Saal, läßt das Schloß verriegeln und befiehlt allen
Dienern, sich schnell zu bewaffnen und ihres Winkes zu gewärtigen.
Sie kehrt in den Saal zurück, der sich nun mit Bewaffneten füllt.
Diese treten mit gezogenen Schwertern hinter die Stühle der Herren
und fahren fort, sie in aller Ehrerbietung, aber mit blanker Waffe, beim
Frühstück zu bedienen. Herzog Alba verstummt, wird ernst, verändert
die Farbe. Die Herren sehen sich betreten einander an, erkennen das
Bedenkliche ihrer Lage, in der sie sich, abgeschnitten von den Truppen,
auf dem Schloß in den Händen der beleidigten Dame befinden.

Der Herzog von Braunschweig faßte sich zuerst, brach in lautes
Lachen aus, lobte und pries den Heldenmuth der Wirthin und Herzog
Alba sah sich bewogen, sofort einen Befehl auszufertigen, daß das weg=
geführte Vieh den Bauern mit voller Schadloshaltung derselben un=
verzüglich zurückzugeben sei, worauf die Gräfin sich artig dankend ver=
neigte, das Schloß öffnen ließ, aus dem sich die von einer muthigen
Frau gefangen gehaltenen und mit dem Tod bedrohten Feldherren —
die Schrecken ihres Jahrhunderts — höflichst entfernten. — Bekannt=
lich erzählt die Geschichte nirgends, daß etwa nach diesem Vorfall
irgend ein Racheact an dem Schloß Rudolstadt seitens seiner eben er=
wähnten Gefangenen verübt worden sei.

Ich habe vorhin angedeutet, daß in der Zeit der Regierung Graf
Wilhelm's VI. und Georg Ernst's die ersten Spuren der Landtage
und Rittertage bemerkbar geworden wären und ich muß jedenfalls
über die Verfassung der Grafschaft Henneberg auch in dieser Richtung
Ihnen nach Kräften Aufschluß geben. Da aber alles dasjenige, was
über die landständischen Verhältnisse in Henneberg gesagt werden kann,
auch für das Herzogthum Coburg, ja, fast für ganz Sachsen gilt, so
will ich diese Auseinandersetzung bis zuletzt aufsparen und Ihnen zu=
nächst noch erzählen, was aus der verwaisten Grafschaft geworden ist.

Ein Rückblick auf die landständischen Verhältnisse jener Zeit wird dann am Schluß, wenn wir auch die Saalfelder Geschichte werden durchwandert haben, eine bequeme Brücke bilden, auf der wir zur Erzählung unserer neusten Geschichte übergehen können; denn gerade für den Zeitpunkt, mit welchem wir in dieselbe eintreten werden, erscheint es geboten, daß wir uns klar werden über die Entstehung und die politische Bedeutung des Institutes, welches man damals auf den sogenannten Rittertagen emporkeimen sah (siehe unter V).

III.

Es ist merkwürdig, daß ältere Gelehrte über das Schicksal unserer Grafschaft nach dem Aussterben des Henneberger Geschlechtes verschiedene Mittheilungen machen und daß erst von Schultes in seinem mehrerwähnten Werk Licht über die Geschichte der Erwerbung der Grafschaft durch Sachsen zu verbreiten gesucht hat. Freilich scheint er die Politik des erneſtinischen und albertinischen Hauses Sachsen in Bezug auf die Grafschaft nicht mit der vollen Unbefangenheit des Hiſtorikers gegeneinander abgewogen zu haben. Er verurtheilt die albertinische durchweg, während ein älterer kursächsischer Autor, dessen Namen unbekannt iſt*), dieselbe vertheidigt und die erneſtinische scharf mißbilligt. Ebenso auffallend iſt es, daß nach dem Erscheinen des von Schultes'ſchen Werkes, soweit ich in unseren Bibliotheken habe nachforschen können, nur sehr wenig von Erheblichkeit über diese Angelegenheit geschrieben worden ist, obgleich sie zum Intereſſanteſten und Wiſſenswürdigſten unserer Specialgeschichte gehört. Man wird fragen: Wie iſt das möglich? Wir wissen ja, welchen gegenseitigen Succeſſionsvertrag die letzten Henneberger mit den drei sächsischen Herzögen Johann Friedrich dem Mittleren, Johann Wilhelm und Johann Friedrich dem Jüngeren zu Kahla abgeschlossen haben. Diese oder ihre Nachkommen werden eben einfach laut dieses Vertrags zum Besitz der Herrschaft gelangt sein, zumal sie bereits einen beträchtlichen Theil ihrer Schulden vertragsmäßig übernommen und bezahlt hatten. Das war aber gerade nicht der Fall. Und vielleicht liegt hierin der Grund, warum außer den Aufklärungen,

---

*) Cf. Sammlung vermischter Nachrichten zur sächsischen Geschichte von Grundig und Klotsch 1777.

die von Schultes gegeben hat, keine weiteren von Seiten der dazu be=
rufenen kursächsischen Geschichtschreiber gegeben worden sind, denn eine
mindestens zweideutige Manipulation des Kurfürsten August von Sachsen
bewirkte es, daß jener Kahlaer Successionsvertrag mit einer auffallen=
den Modification in's Leben trat.

Kaiser Carl **V.** hatte den Vertrag 1555 bestätigt. Elf Jahre
später (1566) war der Eine der paciscirenden sächsischen Herzöge,
Johann Friedrich der Mittlere, bekanntlich in Folge der unglückseligen
Grumbacher Händel mit der Reichsacht belegt, seiner sämmtlichen Länder,
Rechte und Anwartschaften mit Einschluß seiner Successionsrechte in die
Grafschaft Henneberg zu Gunsten seines Bruders, Johann Wilhelm,
verlustig erklärt und lebenslänglich gefangen gesetzt worden. Er war
also politisch todt und starb erst 1595 natürlichen Todes. Johann
Friedrich der Jüngere war 1565 unvermählt heimgegangen. Johann
Wilhelm starb 1573. Beim Aussterben des Henneberger Grafenhauses
1583 war also von den sächsischen Herzögen, die den Kahlaer Vertrag
abgeschlossen, nur noch der geächtete Johann Friedrich der Mittlere am
Leben. Er war aber, wie bemerkt, successionsunfähig. Seine Söhne,
Johann Casimir und Johann Ernst, waren zwar 1570 in des Vaters
Länder, aber nicht in seine Rechte und Anwartschaften, namentlich nicht
in die Henneberger Erbfolgerechte restituirt worden. Es kamen also
bei dieser Erbfolge nur Johann Wilhelm's Söhne, Friedrich Wilhelm
und Johann in Frage, die unter Vormundschaft standen. Im Testament
des Vaters, Johann Wilhelm's, waren Pfalzgraf Ludwig am Rhein
und Herzog Albrecht von Mecklenburg zu Vormündern ernannt, Kur=
fürst August von Sachsen, der nächste und angesehenste Agnat aus
der albentinischen Linie Sachsens, war also übergangen und jedenfalls
hatten sehr triftige Gründe den Testator dazu bewogen. Er war ja
auch im vollen Recht. Hätte er nicht testirt, so hätte allerdings dem
Kurfürsten ein Recht auf die Vormundschaft zugestanden. Nun lag aber
die testamentarische Vormundschaftsernennung vor und weder nach
deutschem Privatfürstenrecht, noch nach dem damals schon nach Deutsch=
land gedrungenen römischen Recht war der Testator in der Ernennung
der Vormünder für die Kinder beschränkt, wenn nicht ganz besondere
Gründe obwalteten, was hier nicht der Fall war. Die beiden ernannten
Vormünder bestanden also vollkommen zu Recht. Der Kurfürst er=
kannte sie aber nicht an, weil er seine agnatischen Rechte für verletzt
hielt, ergriff sofort nach Johann Wilhelm's Tod (1573) Besitz von

der Vormundschaft und die eingesetzten Vormünder ließen sich diesen Gewaltact auch gefallen. Warum? ist unerklärlich, wenigstens aus politischen Gründen; weniger unerklärlich aus menschlichen.

Die Verwandtschaft des Kurfürsten mit den Prinzen war gar nicht so nah. Ihr gemeinschaftlicher Stammvater war Friedrich der Sanftmüthige von Meißen, der zweite Kurfürst Sachsens, dessen beide Söhne Ernst und Albert bekanntlich die erneftinische und albertinische Linie gestiftet hatten. Ernst war der Urgroßvater des Testators, Johann Wilhelm, und Albert der Großvater des Kurfürsten August. Dieser war also mit Johann Wilhelm's Söhnen im achten Grad verwandt. Oder war vielleicht die politische Stellung des Kurfürsten den Reichs= fürsten gegenüber eine solche, daß die testamentarischen Vormünder hierin einen Grund hätten sehen müssen oder dürfen, sich dem eigenmächtigen Eingreifen August's in ihre Rechte so ohne Weiteres zu fügen? Das ist nicht unmöglich. Denn die Würde der Kurfürsten, die ihnen eine Präponderanz vor den übrigen Fürsten des deutschen Reiches einräumen konnte, bestand darin, daß sie die deutschen Könige zu wählen hatten und deshalb sich allerdings mancher gesetzlicher Vorrechte nach der gol= denen Bulle Kaiser Karl's IV. (1356) erfreuten, wenn auch dies Wahlrecht schon an seinem Werth verloren haben mochte, seitdem sie die österreichischen Kaiser auf den Thron gehoben hatten und seit dieser Zeit die Wahl der Könige mehr eine Form, in Wirklichkeit aber der Wille des jeweiligen Königs, seine Descendenz den Thron besteigen zu sehen, der maßgebende Factor für die Succession geworden war. Schon seit früher Zeit hatte unter den Kurfürsten selbst eine gewisse Rang= verschiedenheit bestanden, indem unter den drei Geistlichen: Mainz, Trier und Köln, dem Erzbischof von Mainz und unter den vier Weltlichen: dem Pfalzgraf bei Rhein, dem Herzog zu Sachsen, dem Markgraf von Brandenburg und dem Herzog von Bayern beziehungsweise dem König von Böhmen, den Ersteren, dem Pfalzgraf bei Rhein und dem Kurfürst von Sachsen eine gewisse politische Bevorzugung nicht abzusprechen war. Denn der Erzbischof von Mainz war Erzkanzler des Reiches und ver= trat im Fall der Minderjährigkeit eines Königs die Regierung und der Kurfürst von Sachsen hatte eintretenden Falles bei erledigtem Thron das Reichsvicariat zu führen, und zwar neben dem Pfalzgraf bei Rhein, der zugleich Inhaber des Truchsessenamtes war. Man er= kennt also klar, daß die politische Machtstellung Kurfürsts August von Sachsen vielleicht dazu angethan war, die testamentarischen Vormünder einzuschüchtern und sie zum Stillschweigen über die verübte Anmaßung der Vormundschaft zu zwingen. Viel wahrscheinlicher aber läßt sich jenes Schweigen aus rein persönlichen Verhältnissen erklären. Die testamentarischen Vormünder sahen wohl voraus, weshalb der Kurfürst die Vormundschaft begehrte und scheinen keine Persönlichkeiten gewesen zu sein, die Lust und Energie genug besaßen, seine Intentionen zu durchkreuzen. Kurz, der Kurfürst ergriff die Vormundschaft und behauptete sie sogar länger, als er dazu berechtigt gewesen wäre.

Kurz vor seinem Tod hatte sich der Testator, Herzog Wilhelm, von Kaiser Maximilian I. unter dem 8. Juli 1572 und 25. Februar 1573 sogenannte Expectanz= und Eventuallehnbriefe, d. h. Urkunden ausfertigen lassen, welche ihm eine Anwartschaft zur Erbfolge in die Grafschaft Henneberg zusicherten. Es war dies sehr im Geheimen und die Eventualbeleihung war offenbar absichtlich hinter dem Rücken des Kurfürsten August geschehen, obgleich sie sich keineswegs nur auf Henneberg bezog, sondern alle Anwartschaften umfaßte, deren Herzog Wilhelm's geächteter Bruder, Johann Friedrich der Mittlere, für verlustig erklärt worden war. Ja, sogar die Kurwürde wurde für den Fall des Aus= sterbens der albertinischen Linie bei jener Beleihung dem Herzog Wilhelm eventuell mit verliehen. Daß dies der Letztere beim Kaiser Maximilian durchzusetzen wagte, rechnet ihm der vorhin erwähnte kursächsische Autor zur unverzeihlichen, hinterlistigen Erschleichung an, rechtfertigt hieraus des Kurfürsten späteres zweifelhaftes Auftreten und erhebt gegen Herzog Wilhelm zugleich den Vorwurf, daß er dadurch seine Neffen, Johann Casimir und Johann Ernst, empfindlich geschädigt und auch deshalb den gerechten Zorn ihres Vormundes, des Kurfürsten August, erregt habe, denn er, Herzog Wilhelm, hätte sich wohl denken können, daß diesen jungen Prinzen mit der Zeit nach ihrer Restitution in die väter= lichen Lande auch Restitution in die väterlichen Anwartschaften, also auch in ihre Rechte auf Henneberg, gewährt worden wäre. Ob dies richtig war, wage ich nicht und wird wohl überhaupt Niemand zu ent= scheiden wagen. Nach Wilhelm's Tod befanden sich jene Expectanzbriefe in den Händen der fürstlichen Wittwe zu Weimar und der Kurfürst schickte nach Einlaufen der Todesnachricht zwei seiner getreusten Räthe nach Weimar und ließ der Herzogin eröffnen, daß er die Prinzen in jeder Weise vormundschaftlich vertreten und ihre Rechte und Interessen wahren werde, deshalb seinen Räthen befohlen habe, wegen der Ver= waltung des Landes alles Nöthige anzuordnen, zu dem Ende aber auch ein Verzeichniß aller vorhandenen Documente anzufertigen und daß er die Herzogin ersuche, ihm jedenfalls die Henneberger Expectanz= und Eventuallehnbriefe einzuhändigen, von deren Vorhandensein er unter der Hand Kenntniß erhalten hatte. Das geschah auch, und es gelang dem Kurfürsten, der sich bitter über das hinter seinem Rücken ein= gehaltene Verfahren und namentlich darüber beschwerte, daß man heim= lich über die Kurwürde verhandelt habe, den ihm persönlich befreundeten Kaiser Maximilian I. zu bewegen, jetzt auch ihm, dem Kurfürsten, einen Henneberger Expectanzbrief auszufertigen, der dem des Herzogs Wilhelm direct widersprach, denn der Kaiser, der den verstorbenen Wilhelm bereits im Voraus mit der ganzen Grafschaft Henneberg beliehen hatte, sicherte in dem neuen Expectanzbrief den unmündigen Prinzen nur sieben Zwölftheile derselben, dem Kurfürsten selbst aber fünf Zwölftheile zu. Man mag nun nach dem vorliegenden Thatbestand den Kurfürsten und den Herzog Wilhelm vielleicht verschieden beur= theilen; das Urtheil über die Schwäche des Kaisers wird wohl ein einstimmiges sein. — Die Abänderung des ursprünglichen Expectanz= briefes wurde sehr leichthin damit begründet, daß dem Kurfürsten, der wenige Jahre vorher (1566) an dem unglücklichen Herzog Johann Friedrich dem Mittleren wegen dessen Beziehungen zu Grumbach die kaiserliche Acht vollzogen, zu diesem Zweck Gotha belagert, Grumbach gerichtet und den Herzog gefangen genommen hatte, eine beträchtliche Forderung von Kriegskosten — es sollen 104,594 Gulden gewesen sein — zugestanden habe, wegen deren er durch fünf Zwölftheile der Grafschaft Henneberg schadlos gehalten werden solle. Ob und wie sie der Kurfürst geltend machte, ist zweifelhaft. Aber sein angeblicher An= spruch ist wörtlich in dem neuen Expectanzbrief als Grund seiner Aus= fertigung und seiner Abweichung von dem älteren erwähnt, wie man sich aus der Urkunde*) überzeugen kann, und von Schultes hat offen= bar Unrecht, wenn er behauptet, sie enthalte nur die Worte: „daß diese Begnadigung dem Kurfürsten August auf dessen unterthäniges Anregen und Suchen ertheilt und daß jenes Entschädigungsmotiv im zweiten Expectanzbrief gar nicht erwähnt worden sei." — Zur Be= leihung der Prinzen war Termin im Juli 1575 angesetzt, der Kurfürst wünschte aber, dem neuen ihm fünf Zwölftheile der Grafschaft sichernden Expectanzbrief anders gefaßt zu sehen, weil ihn die eben angeführten

---

*) Cf. Lünig's Reichsarchiv von Sachsen I, S. 370.

Worte zu seinem vormundschaftlichen Verhältniß den Prinzen gegenüber nicht recht passend erschienen. Auch dies erreichte er beim Kaiser. Nach dem Zeugniß des mit den sächsischen Verhältnissen damals genau bekannten Hofraths Pfanner — er starb 1716 zu Gotha — dessen Nachrichten auf Acten und Urkunden beruhen, wurden nämlich in der kaiserlichen Canzlei im Juli 1575 vor der Beleihung zwei ganz neue Expectanzbriefe gleichen Inhalts ausgefertigt, nur daß in dem einen sieben Zwölftheile für die Prinzen und im anderen fünf Zwölftheile für den Kurfürsten bestimmt waren. Beide Urkunden wurden auf den 9. Juli 1572, also auf drei Jahre, zurückdatirt, trugen demnach das Datum des ursprünglich dem bereits 1573 verstorbenen Herzog Johann Wilhelm zu Sachsen ausgestellten Anwartschaftsbriefes und es war darin nicht mehr von einem Ansuchen des Kurfürsten die Rede, sondern die Worte waren umgeändert und lauteten: „aus des Kaisers eigener Bewegung". Also auch hierzu war der gute Kaiser Maximilian I. zu bewegen gewesen.

Am 11. Juli 1575 erfolgte zu Prag die Eventualbeleihung nach Inhalt der neuen Expectanzbriefe. Nun ruhte die Sache, denn Georg Ernst I., der letzte Graf von Henneberg, starb ja erst 1583. Inzwischen war der ältere der beiden ernestinischen Prinzen, Friedrich Wilhelm, volljährig geworden, der Kurfürst legte aber die Vormundschaft nicht nieder, sondern ergriff nach dem Tod Georg Ernst's Besitz von der Grafschaft zum Theil für sich, zum Theil als Vormund seiner Mündel durch die weimarischen vormundschaftlichen Räthe. Die Herzogin schien hievon, wenn auch nicht officiell, aber immerhin sicher unterrichtet worden zu sein. Sie wußte natürlich, daß ihre Söhne die ganze Grafschaft zu beanspruchen hatten. Das war ihr bekannt aus den unvorsichtigerweise dem Kurfürsten ausgeantworteten ursprünglichen Expectanzbrief. Ja, der Kurfürst hatte damals sogar eine beglaubigte Abschrift desselben im Archiv zu Weimar hinterlegen lassen, so daß die Herzogin immer noch ein Beweismittel für die Rechte ihrer Söhne in Händen hatte und deshalb den Kurfürsten wiederholt um seinen Schutz bitten, ihm aber auch sagen lassen durfte: „sie habe äußerlich vernommen, daß der Kurfürst auch etwas von der Grafschaft haben wolle, könne aber diesen Reden keinen Glauben beimessen." Hierauf antwortete der Kurfürst, er wolle seine jungen Vettern bei ihres Vaters ausgebrachten kaiserlichen Lehn- und Begnadigungsbriefen beschützen; da er aber solche dermalen nicht bei der Hand habe, so wolle er sich

5

zuvörderst von deren Inhalt näher unterrichten und sich demgemäß er=
zeigen. Diesen Inhalt kannte ja aber der Kurfürst August natürlich
ganz genau, was aus der bisherigen Erzählung von selbst folgt.

Wenn man diese Thatsachen im Zusammenhang erwägt, so treten
uns zunächst zwei, ihre Beurtheilung erschwerende und trübende, Mo=
mente entgegen, einmal: daß der Kurfürst eine beglaubigte Abschrift
des Henneberger Expectanzbriefes Herzogs Wilhelms gegen das ihm
ausgeantwortete Original in Weimar hinterlegen ließ, und dann: daß
es zwar nicht erwiesen, aber gar nicht unwahrscheinlich ist, daß ihm
jene Gothaer Kriegskosten=Forderung zustand und von ihm vielleicht
doch dem Kaiser gegenüber geltend gemacht worden war. Hätte Kurfürst
August wirklich die Intention verfolgt, sich auf Kosten seiner Mündel
mit einem Theil der Grafschaft Henneberg zu bereichern, so würde er
doch sicherlich nicht jene beglaubigte Absicht des kaiserlichen Expectanz=
briefes in Weimar zurückgelassen und dem ernestinischen Fürstenhaus
dadurch eine gefährliche Waffe gegen sich selbst in die Hand gegeben
haben, und hierdurch gewinnt immerhin die Ansicht viel Boden, daß
der Kurfürst bei dem allerdings auffallenden Gang seines Verfahrens
nur durch den Wunsch, jene Kriegskosten ersetzt zu erhalten, geleitet
worden sein mag, deren er auf geradem Weg vielleicht kaum hätte
habhaft werden können. Aber mißtrauisch kann man gegen August's
Begriffe von einer gewissenhaften Vormundschaft schon werden, wenn man
sich an diejenige Vormundschaft erinnert, die er über Johann Casimir
und Johann Ernst geführt hatte und die wir früher kennen zu lernen
Gelegenheit gehabt haben. Doch verfolgen wir zunächst erst noch den
weiteren Verlauf der Sache.

Schon 1585 übersandte der Kurfürst dem jungen Herzog Fried=
rich Wilhelm zu Weimar eine Abschrift des ihm selbst ertheilten, auf
fünf Zwölftheile der Grafschaft lautenden kaiserlichen Expectanzbriefes
und verlangte Theilung des Landes nach Maßgabe der Urkunde. Na=
türlich kam dies dem Herzog sehr unerwartet und er stand vor einem
Räthsel, weil er aus jener in seinem Archiv befindlichen beglaubigten
Abschrift des seinem Herrn Vater ertheilten kaiserlichen Expectanzbriefes
mit seinem Bruder ein volles Recht auf den Besitz der ganzen Graf=
schaft in Händen zu haben glauben durfte. Auch scheint der Kurfürst
seinen Theilungsantrag jetzt zuverlässig nicht auf seine Kriegskosten=
entschädigungsforderung gestützt zu haben. Der Herzog suchte nämlich
Rath und Hülfe beim Landgraf Ludwig von Hessen, der freilich wegen

anzen auf die Grafschaft nicht ganz unbefangen
Herzog Christoph zu Württemberg. Jener rieth,
h den Kurfürsten nicht zum Feinde machen und
te die Frage seinen Räthen zur Begutachtung vor,
ie Macht gehabt habe, von demjenigen,
torbenen Herzog Wilhelm schon begnabigt
uziehen und einem Anderen zuzuwenden?"
merkwürdigerweise, obgleich sich diese sogenannte
ng auf den vom Kaiser bestätigten Kahlaer Suc=
ibete, der kaiserlichen Macht dennoch jene Befugniß
l bei und beschränkten sie auf die Reichslehen
daß der übrige Theil der Grafschaft nur
en=Weimar zustehe und daß der Kurfürst
Landesschulden, die sich immer noch auf
eliefen, verhältnißmäßig zu übernehmen
Compensation der Gothaer Kriegskosten war also
e, der Kurfürst kann sie folglich in diesem Stadium
ich betont und seinem Theilungsantrag zu Grund
hätte jenes Gutachten ganz anders lauten müssen.
urfürst wegen seines concurrirenden eigenen Inter=
jaft nieder und für die Theilungsverhandlungen
Friedrich von Brandenburg und Herzog Wolfgang
ter Bestätigung Kaiser Rudolf's, der inzwischen
hatte, das vormundschaftliche Amt über den noch
uzen Johann von Weimar. Die Commissionen
der 1585 in Meiningen zusammen und arbeiteten
rasch. Schon nach zehn Tagen war Bestand und
st festgestellt und beschlossen worden, eine schleu=
ne meiningen'sche Portion zu machen. Die
u aus Schleusingen mit den Klöstern Beßra und
m, Themar, Suhl, Hallenberg, Kellerei Behrungen
t Benshausen; die Letztere aus den Städten und
Maßfeld, Kühndorf, Wasungen, Sand, Kalten=
uenbreitungen, Kloster Rora und Schloß Franken=
blieb natürlich Alles, was — wie wir noch sehen
Kahlaer Vertrags an Hessen fallen mußte.
man aber die Frage, welche von den beiden Por=
unb welche das Haus Weimar erhalten solle und

5*

ferner, welche Vergütung das ernestinische Haus dafür zu erhalten habe, daß es auf Grund des Kahlaer Vertrags für die Anwartschaft auf die ganze Grafschaft den oben erwähnten bedeutenden Theil der Henne=berger Schulden übernommen und bezahlt hatte. Letztere Frage warf der junge Herzog Friedrich Wilhelm persönlich und sehr nachdrücklich in die Verhandlungen hinein, allein die kurfürstlichen Commissarien wollten sich nicht gerne damit befassen und stellten sie dem Ermessen ihres Herrn anheim. Sie blieb also offen. Das ganze Meininger Abkommen vom 1. November 1585 war nur ein höchst provisorisches und wir sind noch lange nicht am Ziel, wo wir das Schicksal unserer Grafschaft entschieden sehen könnten. — Der Kurfürst August starb den 3. Januar 1586 und sein Sohn und Nachfolger Christian I., der verschiedene Tauschverhandlungen einleitete, um die Henneberger Frage aus der Welt zu schaffen, womit er gar keinen Erfolg hatte, überlebte den Vater nur um wenige Jahre, starb 1595 und hinterließ drei un=mündige Prinzen, deren Vormundschaft nun der früher von Kursachsen bevormundete junge Herzog Friedrich Wilhelm übernahm. Zugleich mit ihm trat Kurfürst Johann Georg von Brandenburg in dies Amt ein und Beide administrirten nunmehr Kursachsen. Die Rollen waren also gewechselt und dieser Wechsel war von wichtigen Folgen.

Die Vormünder durchforschten das Dresdener Archiv nach allen die Interessen ihrer Mündel betreffenden Documenten und bei dieser Gelegenheit fanden sich die Originale jener Henneberger Expectanzbriefe vom 9. Juli 1572 und 26. Februar 1573, die Kurfürst August sich von der verwittweten Herzogin von Weimar hatte ausbitten lassen. Aber sie waren zwei Mal durchschnitten, die kaiserlichen Siegel abgelöst. Der vom Kurfürst August zu seinem Gunsten ausgewirkte Expectanz=brief lag dabei. Der Herzog Friedrich Wilhelm sah also klar, wie mit ihm und seinem Bruder während ihrer Minderjährigkeit verfahren worden war. Er war ein Mann von strengster Rechtlichkeit; desto schwieriger erschien ihm seine Stellung als Vormund der kursächsischen Prinzen und als Kuradministrator einerseits und als Vertreter seiner eigenen collidirenden Hausrechte andererseits. Er wählte daher ein kluges und sehr correctes Verfahren, um sein Interesse und seine Ehre zu sichern, indem er vorerst vermied, sich auf einen Rechtsstreit einzu=lassen, sondern, die Streitfrage mehr in ihrer politischen Wichtigkeit erfassend, die kursächsischen Stände zusammenrief und auf dem Landtag zu Torgau ihnen von seinem Kanzler Andreas Gerstenberg die

Lage der Henneberger Sache vortragen ließ, von ihnen sein Recht forderte und erst im Weigerungsfalle den Weg des Prozesses in Aussicht stellte. Es war vorauszusehen, daß die Stände dem Gewicht der Gründe, mit denen der Kanzler sein Verlangen, dem Herzog Friedrich Wilhelm die ganze Grafschaft Henneberg zu überlassen, zu unterstützen im Stand war, nichts Wesentliches entgegensetzen konnten. Ja, sie sprachen nicht einmal ein Wort von den Gothaer Belagerungskosten. Ein Rechts=spruch stand ihnen natürlich nicht zu. Ihre Autorität lag vielmehr in ihrer politischen Macht, die sie hätte befähigen können und sollen, klare Stellung zu der brennenden Frage zu nehmen. Aber das thaten sie trotz ihrer Armuth an Gegengründen gegen Kanzler Gerstenberg's Ausführungen nicht, sondern sie legten sich auf's Bitten. Der Herzog möge doch mit der in Aussicht gestellten Beschreitung des Rechts=weges wenigstens bis zur Volljährigkeit des ältesten kursächsischen Prinzen warten, inzwischen möge er von ihnen die Erhöhung seines Gehaltes als Kurabministrator bis auf 10,000 Gulden annehmen.

Ob der Herzog diese für damalige Zeit sehr bedeutende Summe eines jährlichen Gehaltes angenommen hat, kann ich Ihnen nicht sagen. Aber er beschloß, die Fortsetzung des Kampfes zu vertagen und schloß mit seinem Mitvormund einen Vertrag unter dem 7. September 1593 dahin ab, daß man es bei dem bisherigen gemeinschaftlichen Besitz und bei der gemeinschaftlichen Verwaltung in dem Verhältniß von fünf und sieben Zwölftheilen belassen, dagegen jegliche Huldigung aufschieben, ferner zwar eine Beleihung in jenem Verhältniß nachsuchen, aber ihr keinerlei rechtliche Folgen beilegen wolle und daß dem Herzog Friedrich Wilhelm vorbehalten bleiben solle, mit dem ältesten kursächsischen Prinzen, sobald er das achtzehnte Lebensjahr erreicht haben würde, den Streit entweder gültig zu erledigen, oder ihn rechtlich entscheiden zu lassen. Jener Zeitpunkt trat schon mit dem Jahre 1601 ein. Der älteste Prinz, Christian II., übernahm die kursächsische Regierung. Aber auch jetzt kam man nicht weiter, denn ein Todesfall nach dem anderen legte der Erledigung der Henneberger Frage neue Hindernisse in den Weg.

Zuerst starb der junge Herzog Friedrich Wilhelm am 7. Juli 1602 in Weimar, erst 40 Jahre alt, und hinterließ vier unmündige Söhne. Ihr Vormund wurde Kurfürst Christian II., der noch ganz kurz zuvor unter der Vormundschaft Friedrich Wilhelm's gestanden hatte — also abermals ein vormundschaftlicher Rollenwechsel! — Auch trat im sächsischen Fürstenhaus erneftinischer Linie eine wesentliche Veränderung ein, indem Altenburg ein selbstständiges Fürstenthum wurde und als solches an Henneberg zu participiren hatte. Der Bruder des verstorbenen Herzogs Friedrich Wilhelm, Prinz Johann, vereinbarte nämlich 1603 mit dem Vormund seiner vier Neffen, dem Kurfürsten Christian II., denjenigen Erbtheilungsvertrag, der die weimarischen Lande in die weimarische und altenburgische Hälfte theilte, jene dem Herzog Johann und diese den unmündigen vier Söhnen Friedrich Wilhelm's zuwies und für die Wittwe des Letzteren Schloß Altenburg als neue Residenz bestimmte, die sie mit den Prinzen alsbald bezog. Noch in demselben Jahr bekam das neue Fürstenthum auf dem Reichstag zu Regensburg Sitz und Stimme. Zu diesem Herzogthum gehörte, wie ich kurz andeuten will: Altenburg, Probst-Zella, Dornburg, Camburg, Roßla, Saalfeld, Bürgel, Sulza und die Hälfte von Allstätt. Herzog Johann Philipp, der älteste jener vier Söhne Friedrich Wilhelm's, eröffnete 1618, wo er volljährig wurde, die erste altenburger Regenten-Dynastie und sein Oheim Herzog Johann im Jahre 1603 die weimarische.

Nun starb 1605 auch dieser Herzog Johann und seine unmündigen Söhne wurden ebenso wie diejenigen seines kaum erst verstorbenen Bruders der Vormundschaft des Kurfürsten Christian II. von Sachsen unterworfen, der nun also in seiner einzigen Person alle Interessenten der hennebergischen Erbfolge, außer Altenburg, vertrat. Aus den dem Herzog Friedrich Wilhelm im vorhin erwähnten Vertrag vom 7. September 1593 zugestandenen Vorbehalten war also gar nichts geworden und es war nicht anders zu erwarten, als daß der Vormund, der Kurfürst von Sachsen, die Henneberger Frage ruhig liegen ließ. Aber Eines versäumte er nicht. Er verlangte nämlich von Weimar jene Originalerpectanzbriefe zurück, die Herzog Friedrich Wilhelm als Kurabministrator cassirt in Dresden gefunden und mit nach Weimar genommen hatte und erhielt sie auch nach einigem Zögern seitens der weimarischen Regierung wirklich ausgehändigt. — Der dreißigjährige Krieg brach aus und deckte mit seinen Schrecknissen und Verwüstungen die Henneberger Frage immer tiefer zu. In dieser Zeit wurde (1641) nun auch das Herzogthum Gotha von Herzog Ernst dem Frommen gegründet und von dem bisherigen Herzogthum Weimar abgezweigt, so daß jetzt die ernestinischen Häuser Altenburg zu einer und Gotha mit Weimar zur anderen Hälfte die Erbfolge in die Grafschaft Henneberg prätenbiren konnten, wenn es ihnen gelang, diese Frage aus dem

Schutt des dreißigjährigen Kriegs, unter dem sie begraben lag, wieder herauszuziehen. Dies geschah denn auch im Jahre 1652, also lange nach Erledigung jener Vormundschaft. Hätte jetzt dem Kurhaus ein einziger Gegner den Handschuh hingeworfen, um den Kampf wieder aufzunehmen, so hätte das Ende desselben kaum zweifelhaft sein können, denn das Gewicht der Rechtsgründe der Ernestiner war so mächtig und wurde von dem nunmehrigen gothaischen Kanzler Georg Funk mit so beredter Energie in die Wagschale gelegt, daß sie sich zu Gunsten des ernestinischen Hauses hätte neigen müssen. Aber der Kurfürst hatte drei Gegner, Gotha, Weimar, Altenburg, und diese waren nicht einig, wenigstens entzog sich Altenburg dem gemeinschaftlichen Vorgehen, weil Herzog Friedrich Wilhelm II. von Altenburg eine kursächsische Prin=zessin zur Gemahlin sich ausersehen hatte. Man hielt abermals eine Conferenz in Eisenberg und ging wiederum resultatlos auseinander. Weimar und Gotha, ohnehin geschwächt und ermüdet von den Kämpfen und Drangsalen der letzten dreißig Jahre, gaben den ferneren Kampf auf, beschlossen, dem Kurfürsten die Beute der fünf Zwölftheile von der Grafschaft Henneberg zu lassen und so wurde denn endlich nach 76 Jahren 1660 die Theilung vereinbart, dabei aber der unter ganz anderen Verhältnissen entworfene Plan, eine schleusingen'sche und eine meiningen'sche Portion zu machen, natürlich gänzlich bei Seite gelegt.

Auf ernestinischer Seite concurrirten Herzog Wilhelm von Weimar, Johann's Sohn, und Herzog Ernst der Fromme von Gotha mit der einen Hälfte der ihnen beschiedenen sieben Zwölftheile und Herzog Friedrich Wilhelm II. von Altenburg mit der anderen Hälfte. Auf albertinischer, also kursächsischer, Seite hatte inzwischen eine Vererbung stattgefunden. Der Kurfürst Johann Georg I., Nachfolger Christian's II., hatte seinen Antheil an Henneberg seinem Sohn, Herzog Moriz zu Sachsen=Zeitz=Naumburg, vermacht.

Nunmehr theilte man ab; die fünf Zwölftheile, welche Herzog Moriz erhielt, bestanden aus Amt und Stadt Schleusingen, Amt und Schloß Kühndorf mit dem Kloster Rora, Amt Benshausen, Amt Suhl und Kloster Veßra.

Altenburgs drei und einhalb Zwölftheile bestanden aus Stadt und Amt Themar, Stadt und Amt Meiningen, Amt und Schloß Maß=feld, Kellerei Behrungen, Hof zu Milz und aus Schloß und Kam=mergut Henneberg.

Weimars und Gotha's Antheil von zusammen drei und ein halb

Zwölftheile, bestand aus Amt und Stadt Ilmenau, Amt und Stadt Wasungen, Amt Sand, Amt Kaltennordheim, Amt Frauen= breitungen. Was ihnen am durchschnittlich geschätzten Ertragswerth fehlte, erhielten sie von Kursachsen und Altenburg mit Geld ersetzt.

Das war das Endergebniß des langen Streites.

Bei dieser Theilung tauchte aber die schon mehrfach erwähnte kur= sächsische Kriegskostenforderung wieder auf und wurde zum schließlichen Vortheil Kursachsens erledigt. Ich muß also diesen Punkt jetzt nach= träglich in ein möglichst klares Licht zu stellen versuchen. Daß nämlich durch die Execution der über Johann Friedrich den Unglücklichen ver= hängten Acht und die damit zusammenhängende Belagerung Gotha's dem Kurhause Sachsen eine Kriegskosten=Entschädigungsforderung ur= sprünglich zustand, ist zwar zweifellos; sie war aber gleich nach dieser Katastrophe erledigt worden, indem damals der Kurfürst nutznießlich die vier sogenannten assecurirten Aemter Weida, Ziegenrück, Arns= haupt und Sachsenburg überlassen erhielt. Dem Herzog Casimir von Coburg und seinem Bruder Johann Ernst wurde bezüglich derselben nur das Einlösungsrecht vorbehalten. Zur Grafschaft Henneberg ge= hörten aber diese vier Aemter nicht. Wenn nun Kursachsen seine An= sprüche auf fünf Zwölftheile der Grafschaft damit zu rechtfertigen suchte, daß ihm noch die vorhin erwähnte weitere Kriegskostenentschädigung aus der Zeit der Belagerung Gotha's zustehe und nun wirklich diesen Antheil von fünf Zwölftheilen, wie Sie soeben gehört haben, errungen hatte, so war damit auch jede weitere angebliche Forderung auf Ersatz von gothaischen Belagerungskosten ausgeglichen und man war eigentlich vollständig quitt. Denn durch den langjährigen Genuß der vier asse= curirten Aemter und vollends durch die Henneberger Beute war die Kriegskostenentschädigung mehr als gedeckt und jene vier Aemter mußten von Kursachsen freigegeben werden. Kursachsen rechnete aber anders und verlangte zur Tilgung der nachträglichen angeblichen Entschädigungs= forderung jetzt den Verzicht der ernestinischen Fürsten auf ihr Wieder= einlösungsrecht bezüglich der vier assecurirten Aemter. Man rechnete aus, daß die assecurirten Aemter nicht gereicht hätten, um den noch bestehenden Rest jener Kriegskostenschuld zu decken. Deßhalb erreichte auch Kursachsen jenen Verzicht, wenn auch gegen eine geringe Gegen= leistung, worauf nun freilich auch noch eine Verzichtleistung auf die Kriegskostenentschädigung seitens des kursächsischen Hofes ausgesprochen wurde.

Dies mag genügen, um uns den Erwerb der Grafschaft Henneberg durch Sachsen zu vergegenwärtigen und klar zu machen. Doch
will ich, da wir uns einmal für diese Grafschaft interessiren, noch kurz
erzählen, was nach dem Aussterben derselben auch noch andere ihrer
Nachbaren, nämlich das Stift Würzburg und die Landgrafen von
Hessen daran gewonnen haben.

An Hessen fiel die ganze Herrschaft Schmalkalden, was zum
Theil im Kahlaer Vertrag auch vorgesehen war, ferner das ganze
Gericht Barchfeld, die halbe Cent Benshausen und die Vogtei
Herrenbreitungen. Sie erinnern sich, daß des Grafen Johann I.
Wittwe Schleusinger Linie 1360 in Gemeinschaft mit den Landgrafen
von Hessen dem Burggrafen von Nürnberg einen Theil der neuen
Herrschaft wieder abgekauft hatte, den dieser von seiner Gemahlin
Sophie, einer jener drei bekannten Erbtöchter der Gräfin Jutta, zugebracht erhielt und hierzu gehörte Schmalkalden, die Vogtei Herrenbreitungen und die halbe Cent Benshausen. Ueber den sonach in Folge
des eben erwähnten Kaufes dem Hause Henneberg gehörigen Antheil
an Schmalkalden wurde 1521 mit Hessen zur Schlichtung mehrerer
anderer Differenzen ein Erbvertrag abgeschlossen und im Kahlaer Vertrag 1555 wiederholt bestimmt, daß er, wenn Henneberg aussterbe, an
Hessen fallen solle, dem ja der andere Theil an Schmalkalden laut
jenes Kaufes schon zustand. Mit dem Tod Georg Ernst's I. war
dieser Fall eingetreten und Hessen nahm sofort von der ganzen Herrschaft Schmalkalden Besitz. Landgraf Wilhelm von Hessen griff aber
weiter und rechnete namentlich auch das ganze Gericht Barchfeld als
zur Herrschaft Schmalkalden gehörig mit ein, was vor langer Zeit
schon zu drei Viertheilen von Schleusingen an Hessen verkauft worden war, ergriff auch hiervon Besitz und gab es trotz verschiedener hierüber entstandener Irrungen nicht wieder heraus. Aehnlich wurde Herrenbreitungen erworben und durch einen zwischen Hessen und Sachsen,
welches ebenfalls Rechte daran geltend machte, abgeschlossene Vertrag
von 1583 dem Ersteren überlassen. Was die Cent Benshausen betrifft,
so gehörte sie ursprünglich halb der Römhilder und halb der Schleusinger Linie zu. Die Schleusinger Hälfte wurde nach Abtrennung der
neuen Herrschaft von Henneberg 1347 dem Burggrafen von Nürnberg
von seiner Gemahlin zugebracht und durch den oben erwähnten Vertrag von 1360 an Hessen und Henneberg Schleusingen verkauft. Hessen
hatte also schon ein Viertel dieser Cent inne, Henneberg-Schleusingen

das andere. Nach Erlöschen der Römhilder Linie (1549) fiel deren Hälfte (trotz dem bekannten Testament Graf Albrecht's) an die Schleusinger Linie, so daß diese drei Viertheile der Cent besaß. Bei einer Conferenz, die nach dem Aussterben der Henneberg-Schleusinger Linie in Salzungen stattfand (1583), einigte man sich aber dahin, daß das Viertel der Cent Benshausen, welches die Schleusinger vor dem Anfall der Römhilder Erbschaft schon kraft jenes Kaufes besessen hatten, zum hessischen Viertel geschlagen und als Zubehör der Herrschaft Schmalkalben betrachtet werden solle. Hessen hatte also die halbe Cent erhalten und die andere Hälfte fiel an Sachsen.

Was den Erwerb eines Theils der Grafschaft durch Würzburg betrifft, so wird es Ihnen schon im Verlauf unserer Unterhaltung aufgefallen sein, wie die Bischöfe der schönen Mainstadt bei jeder Gelegenheit die Ländereien der Henneberger bald am äußeren Rand benagten, bald kühner mitten in's Fleisch derselben hineingriffen und so manches Stück an sich zu bringen wußten, war's durch vortheilhaften Kauf, war's durch uneingelöste Pfandschaft oder durch manchen klugen Vorbehalt, wie Heimfall eines Lehns und dergleichen.

Die Grafen verschmerzten viele dieser Verluste, am schwersten den Mainberger und den unsicheren Besitz von Meiningen. Der Letztere ist's allein, der uns jetzt nach dem Aussterben der Schleusinger Linie noch beschäftigen kann, und zwar deshalb, weil Würzburg, wie Sie sich erinnern, als es Meiningen an Henneberg gegen Mainberg abtrat, sich den Heimfall von Stadt und Amt Meiningen für den Fall des Aussterbens der Henneberger vorbehalten hatte. Und der Fall lag ja vor. Sachsen wollte keine Opfer scheuen, diesen Heimfall abzuwenden, ich habe Ihnen aber schon erzählt, wie sich Georg Ernst I. vergebens bemühte, dies Ziel zu erreichen. Und auch jetzt kam man nach vier Conferenzen im Grund nicht viel weiter. Würzburg hatte für sein sich vorbehaltenes Heimfallsrecht in dem desfallsigen Vertrag von 1542 die Verpflichtung übernommen, beim Aussterben der Henneberger an die Erben 30,000 Gulden zu zahlen; begnügte sich aber nicht damit, daß Sachsen auf diese Summe verzichten wollte, wenn ihm dagegen der Verzicht auf das Heimfallrecht zugesichert würde, denn die geistlichen Herren wußten recht wohl, wie viel dem protestantischen Sachsen die Befreiung Meiningens vom katholischen Würzburg werth war. Deshalb verzichteten sie auf das Heimfallrecht durchaus nicht, sondern schoben es nur hinaus, bis Sachsen ausgestorben sein würde, sowohl das erneſtiniſche, wie das albertiniſche. Hiergegen ließ man ihnen ſächſiſcherſeits nicht nur jene 30,000 Gulden nach, ſondern mußte an Würzburg noch 60,000 Gulden an baarem Geld und an Land und Leuten abgewährt. Schwerlich war damals Meiningen ſo viel werth, aber man hatte doch auf lange Zeit die Sorge los, mitten in Sachſen einen Punkt zu wiſſen, auf den Würzburg ſeine Blicke richten durfte.

Die ſtaatsrechtliche Form, welche man zu dieſem Abkommen wählte, beſtand darin, daß das Stift Würzburg dem kur= und fürſtlichen Hauſe Sachſen Stadt und Amt Meiningen in der Eigenſchaft eines Mann= lehns überließ. Derjenige Herzog von Sachſen, an den es bei ein= tretender Theilung fallen würde, ſollte es durch einen in Franken an= geſeſſenen adeligen Rath zum Mannlehn empfangen und nach gänzlichem Erlöſchen des Hauſes Sachſen ſollte das Lehn als eröffnet an Würz= burg heimfallen. Und dieſe Errungenſchaft koſtete 90,000 Gulden. Ob die baaren 60,000 Gulden bezahlt worden ſind oder nicht, inter= eſſirt uns hier nicht. Die Frage würde in einer Geſchichte Meiningens zu prüfen ſein. Aber auch abgeſehen hiervon, beſtand jener Vertrag bald nicht mehr zu Recht. Es würde aber zu weit führen, aus ein= ander zu ſetzen, wie er ſich gelöſt und zu dem nach Ernſt des From= men Tod ſelbſtſtändig gewordenen Herzogthum Meiningen verhalten hat.

Das ſind die Schickſale der Grafſchaft Henneberg und ihrer end= lichen Auflöſung. Für unſer Coburg fiel ſie nachtheilig genug aus und hätte nicht Johann Friedrich der Unglückliche ſchon vor dem Kahlaer Vertrag Römhild erworben, indem er es den Mansfeldern abkaufte, ſo hätte Coburg nicht einen Flecken davon für ſich gewonnen, obgleich dieſer Vertrag ihm die ſicherſten Hoffnungen auf den Erwerb eines bedeutenden Antheils daran, wenigſtens für die damalige Zeit, eröffnete. Auch hier hat die leidige Grummbacher Affaire ihre tiefen Schatten auf das Geſchick unſeres Heimathlandes geworfen. Aber ſelbſt wenn Herzog Caſimir und Johann Ernſt die Anwartſchaft auf Henneberg vom Kaiſer reſtituirt erhalten hätten, ſo würde immerhin durch deren kinderloſes Ableben für Coburg die Grafſchaft Henneberg größtentheils wieder verloren worden ſein, wie wir dies aus dem Coburg=Römhild= Eiſenberger Succeſſionsſtreit klar kennen gelernt haben.

Die

Herrschaft Saalfeld.

Ein viel engerer Zusammenhang, als der zwischen Henneberg und Coburg, hat zwischen Saalfeld und Coburg stattgefunden. Von der Herrschaft Saalfeld wissen wir schon, daß sie nach Ernst des Frommen Tod als eigenes Fürstenthum einem der sieben Söhne Ernst's, dem Herzog Johann Ernst, zugetheilt worden war; ebenso daß nach dem Coburg-Römhild-Eisenberger Successionsstreit das ausgestorbene Coburg an Saalfeld fiel und ein Theil dieses Fürstenthums wurde. Hieraus folgt von selbst die Nothwendigkeit, daß wir uns auch mit der Geschichte Saalfelds befassen müssen, die nach dem eben erwähnten Verhältniß ein Theil der coburgischen Geschichte ist.

Die Geschichte Saalfelds läßt sich in vier wesentlich von einander verschiedene Perioden abtheilen. Die Erste ist die Zeit des Saalfelder Heidenthums und des ersten Anfangs des dort hervortretenden Dualismus einer weltlichen und einer geistlichen Territorialherrschaft. Die Zweite umfaßt die Zeit der Regierung der Grafen von Schwarzburg über Saalfeld. In der Dritten finden wir es unter der Herrschaft des Meißener Hauses und der sächsischen Fürsten und Kurfürsten und in diese Periode fällt die Säcularisation der geistlichen Territorialhoheit und ihre Verschmelzung mit der weltlichen. Die vierte Periode endlich zeigt uns die Herrschaft als eigenes Fürstenthum unter jenem Herzog Johann Ernst. Die weitere Geschichte Saalfelds fällt mit der coburgischen zusammen und bedarf keiner getrennten Behandlung mehr.

1.

Das Heidenthum hat unter allen Gegenden Thüringens in Saalfeld sich am längsten erhalten. Selbst Bonifacius hat weder in den undurchdringlichen Wäldern eine Stätte, wo er und seine Begleiter ein Kreuz hätte errichten können, noch in den Herzen ihrer Bewohner irgend einen empfänglichen Boden für die Lehren des Christenthums gefunden. Die Sorben, Wenden und Slawen, die Saalfeld inne hatten, waren fleißige tüchtige Ackerbauern und haben dem Wald nach und nach fruchttragende Felder abgewonnen, aber ihre Götzen ließen sie sich nicht nehmen. Auch die deutschen Könige, Carl der Große nicht ausgenommen, mußten ihnen ihre religiösen Gebräuche belassen, nachdem sie die Bewohner unterjocht und in politische Abhängigkeit gebracht hatten. Aus jener Zeit stammen die jetzt noch vorhandenen Trümmer der sogenannten Sorbenburg in Saalfeld; freilich mag unentschieden bleiben, ob sie von den Großen der Sorben gegen die Könige oder von diesen gegen die Sorben als königliche oder kaiserliche Pfalz erbaut worden ist. In Folge jener politischen Abhängigkeit wurde Saalfeld und Umgegend dem königlichen Fiskus einverleibt und einem Grafen Popo als einem Herzog der sorbischen Mark zur Aufsicht übertragen. Saalfeld war also gerade so wie Meiningen Reichsdomäne und die Stadt eine königliche Villa, die den damals noch residenzlosen Königen öfter zum Aufenthalt diente, theils um dort die Reichsstände zu versammeln, theils um sich an der Jagd in den wild- und bärenreichen Wäldern zu belustigen. Aehnlich wurden andere und mit Burgen oder Schlössern versehene Städte von den deutschen Monarchen benutzt und wir wissen z. B. von dem unserem Saalfeld benachbarten und später mit ihm verbundenen Altenburg genau, daß der Kaiser Friedrich I. Barbarossa einen Reichstag daselbst abhielt, auf welchem am 11. September 1180 Graf Otto von Wittelsbach mit dem Herzogthum Bayern beliehen wurde.

Im elften Jahrhundert finden wir Saalfeld als Provinz, also schon als ziemlich ausgedehnten Bezirk, der den Saal- und Orlagau umfaßt zu haben scheint, im Besitz des Pfalzgrafen Ehrenfried zu Aachen, mit dem sich nach Kaiser Otto's III. Tod der Nachfolger Heinrich II. entzweit hatte, weil der Pfalzgraf diesem die Krone streitig machte und mit seinem mächtigen Anhang im Reich die Anerkennung als Reichsoberhaupt verweigerte. Der hierüber Jahre lang bestandene Zwist wurde endlich durch Ueberlassung mehrerer Reichsdomänen an Ehrenfried, unter denen auch Saalfeld war, beigelegt. Nach seinem Tod (1035) fiel Saalfeld auf eine seiner Töchter, Richza, Königin von Polen, die, von ihrem Gemahl verstoßen, nach Saalfeld geflüchtet war. Sie schenkte diese Besitzungen ihrem Bruder, Erzbischof Hanno von Köln, damit er ein Benedictinerkloster gründe und auf diese Weise die verstockten Heiden Saalfelds für das Christenthum gewinnen könne. Die Königin selbst blieb in Saalfeld und starb daselbst 1063 im Rufe einer der frömmsten Frauen ihrer Zeit und in der ganzen Umgegend. Der Erzbischof von Köln vertauschte die ihm so entlegene Provinz soweit er nicht mit den Ländereien derselben das Benedictiner= kloster ausgestattet hatte, an Kaiser Friedrich I., in dessen Händen sie ihm zum zweiten Mal Reichsdomäne wurde. Bei jener Schenkung der Königin Richza an das Erzbisthum Köln werden in der darüber ausgestellten Urkunde von 1057 die Ländereien mit den Provinzial= benennungen Coburg, Saalfeld und Orla bezeichnet. Coburg ist also damals offenbar ein Theil des vorhin erwähnten Saal= und Orla= gaues, folglich auch Reichsdomäne gewesen, bevor es — ich kann nicht sagen, wann und wie — in den Besitz der Grafen von Wildburg und dann mit der schon öfter erwähnten „neuen Herrschaft" in die Hand der Grafen von Henneberg überging. Das erwähnte Benedictinerkloster war gegründet und im Stiftungsbrief von 1070 und 1071 reich dotirt worden. Es wurde ihm eine Abteiverfassung gegeben, indem ihm die umliegenden Parochien unterworfen und den Aebten bedeutende geistliche Regierungsbefugnisse, die aber auch weltliche in sich schlossen, zugewiesen wurden. Die Aebte lassen sich Jeder mit Namen und Regierungszeit bis 1526 aufzählen, wo das Stift säcularisirt wurde. Was nun die ihm zugewiesenen Güter betrifft, so wird auch hier unsere Aufmerk= samkeit wieder auf Coburg gelenkt. Die Bestätigungsurkunde jenes Stiftungsbriefes, die der Papst ausstellte, bezeichnet Coburg nur als Berg mit den Worten: mons, qui dicitur Coburg. Es scheint also damals kaum eine Stadt Coburg gegeben zu haben. Die Burg, unsere Veste, mit den Anfängen einer Stadt und die umliegenden Dörfer scheinen Alles gewesen zu sein, was man unter Coburg verstand. Da die Morizkirche in Coburg erst im elften Jahrhundert erbaut wurde, so scheint dies erst nach jener Bestätigung geschehen zu sein und jeden= falls festzustehen, daß unsere Veste älter ist, wie die Stadt Coburg.

Auch im südlichen und östlichen Franken, in der Gegend von Bamberg und Bayreuth, besaß die Abtei Güter und die Ritter von Streitberg (bei Muggendorf) trugen ihre Schlösser von Saalfeld zu Lehen. Bei solchem Reichthum ist es nicht zu verwundern, daß das Stift eine geistliche Territorialmacht sich dünkte, ja, als solche sogar von Kaiser und Reich insofern anerkannt wurde, als Maximi= lian I. dem Abt Georg von Thun die Fürstenwürde verlieh, weshalb sich dieser in seinen Urkunden des Titels „von Gottes Gnaden" be=

diente. Dieser geistlichen Macht stand sogar das ?
sie erst später (1350) dem Stadtrath zu Saalf
in ihrer kleinen geistlichen Landeshoheit, als we'
Reichstag vertreten gewesen ist, ganz abgeschloss
licher Ueberlegenheit neben dem übrigen Bezirk der
Verwaltung äußerst schwerfällig und vernachläfsi
neuesten Zeit unterschied man in Saalfeld so;
Amtsdörfer; die Stadt war zwischen der Abtei
theilt, das heißt ein Theil der Bürger steuerte i
den Vögten und späteren weltlichen Landesherren.
Ruf stand übrigens die Abtei bezüglich ihrer
nicht und deßhalb mag es auch Kaiser Maximilia
römischen Hof ein sehr herbes Urtheil über sie
antragen, seinen ausgedienten Stallmeister, einer
feld, dem Abt Georg von Geilsdorf zum Coadju
Verbreitung des Christenthums hatte inzwischen
Man hatte namentlich im Wald hier und da
waren Bethäuser. Eine dieser Zellen erfreute sich
Besuches und man baute sich in ihrer Nähe a
nächster Umgebung der Zelle und diese theilweise ei
Dorf. Die Zelle wurde beschenkt und mit St
schon 1225 kommt dort ein Propst als geistliche
dieser, der Abtei Saalfeld untergeordneten P
heutige Propstzella.

2.

Der kleine geistliche Staat hatte sich seit der
von der weltlichen Herrschaft Saalfeld abgeschiede
genstand besonderer kaiserlicher Verfügung wurd
trat nämlich in diesem Jahr seinen Römerzug au
den meisten seiner Vorgänger, an Geld fehlte.
von verschiedenen Fürsten nicht unerhebliche Sun
auch von den Grafen Heinrich und Günther zu
er sich tausend Mark Silbers vorstrecken, wogegen
domäne Saalfeld verpfändete, an deren Einlösu
mehr gedacht wurde und so finden wir dieselbe,
ohne die Abtei, bis zum Jahr 1389 im Besitz des
burg. Ein späterer Graf von Schwarzburg,

ar zugleich Herr von Pösneck. Verschiedene Ländertheilungen, denen
ie Grafschaft Schwarzburg ausgesetzt war, berührten auch Saalfeld.
Denn als die Grafen Heinrich XXIII. und Günther XXVIII. mit
nander abtheilten, fiel Saalfeld zur einen Hälfte an Diesen, zur
nderen an Jenen. Heinrich XXIII. starb 1385 ohne Erben und
in Antheil an Saalfeld fiel erbvertragsmäßig auf die Schwarz=
urg=Sondershäuser Linie. Diese besaß nun das weltliche Saal=
lber Gebiet mit Günther XXVIII. gemeinschaftlich, was diesem
m so lästiger erschien, als er schon früher mit dem Gedanken um=
egangen war, die nunmehr auch Pösneck umfassende Herrschaft ganz
ι besitzen und an die Markgrafen von Meißen zu verkaufen. Er
:warb daher auch wirklich jetzt von der Sondershäuser Linie zu=
ächst deren Antheil für sich und trat nach einigen Jahren mit Meißen
ι Unterhandlungen, die 1389 dahin gediehen, daß die Markgrafen die
anze Herrschaft Saalfeld mit Pösneck käuflich an sich brachten.

3.

Die Besitzungen der Markgrafen von Meißen dehnten sich bis in
en Saal= und Orlagrund aus, wo sie die Grafschaft Orlamünde
nd Schloß Weißenburg besaßen, und standen im vierzehnten Jahr=
undert unter der Regierung des uns schon bekannten Friedrich des
5trengen, dem seine Gemahlin, Gräfin Jutta von Henneberg, mit
er sogenannten neuen Herrschaft auch die Pflege Coburg zugebracht
atte, und seiner drei Brüder. Als er 1381 starb, sonderten die vielen
heilhaber, und zwar die Söhne des Verstorbenen einerseits und die
3rüder desselben andererseits ihren Länderbesitz in verschiedene Herr=
haften ab. Die drei Söhne des Markgrafen Friedrich's des Strengen
aren es, die den soeben erwähnten Kauf der Herrschaft Saalfeld mit
3ünther XXVIII. abschlossen. Der Jüngste, Graf Georg, starb ohne
Kinder und als sein Bruder Wilhelm 1425 starb, war es der Aelteste,
Narkgraf Friedrich der Streitbare, der das Herzogthum Sachsen
iit der Kurwürde erlangt, die Pflege Coburg inne hatte und alleiniger
Herr der Herrschaft Saalfeld und vieler anderer Besitzungen des Hauses
Neißen wurde. Coburg und Saalfeld standen also schon damals unter
emselben Scepter. Friedrich der Streitbare erwarb zur Herrschaft
Saalfeld auch die Herrschaft Gräfenthal hinzu, die den Grafen von
Orlamünde gehörte. Letztere waren so verschuldet, daß sie von zwei

6*

Saalfelder Juden wegen einer mäßig großen Summe verklagt wurden, die sie nicht bezahlen konnten. Da fand der Kurfürst die Juden ab und nahm Gräfenthal in Besitz.

Gräfenthal blieb nicht lange bei Saalfeld, denn die Söhne des Kurfürsten verliehen es 1438 an einen Reichserbmarschall Conrad von Pappenheim, dessen Familie es 1621 für 102,000 Gulden an den Herzog Johann Philipp von Altenburg verkaufte (siehe unten). Einer jener Söhne war der Ihnen auch schon früher genannte Herzog Wilhelm der Tapfere, dessen Sporenklang man in ganz Thüringen hörte, wenn er über den Schloßhof zu Weimar schritt und der bekannt= lich ebenfalls unser Coburg und zugleich die Herrschaft Saalfeld besaß.

Die Streitigkeiten, die er wegen der Landestheilung mit seinem Bruder, dem Kurfürsten Friedrich dem Sanftmüthigen, durchzufechten hatte, berührten auch Saalfeld, weil diese Herrschaft ihm Unterstützung an Truppen gegen Ersteren leisten mußte, wogegen er der zu Saalfeld gehörigen Stadt Pösneck die hohe und niedere Gerichtsbarkeit ver= pfändete, die sie bis zu Ende des vorigen Jahrhunderts inne hatte. Der Stadt Saalfeld bestätigte er das ihr schon von der Abtei abge= tretene Münzregal und ertheilte zu deren Gunsten eine Entscheidung gegen die Abtei, die von den Erben der ein Stiftslehn besitzenden Bürger Saalfelds bei jedem Veränderungsfall die Entrichtung der sogenannten Lehnwaare forderte, indem er anordnete, daß, wenn Stifts= güter auf leibliche Kinder vererbt würden, diese von der Entrichtung der Lehnwaare ganz frei und erbende Ehefrauen nur im Fall ihrer Wiederverheirathung verpflichtet sein sollten, jene Abgabe zu zahlen. Die Aebte hatten auch diese Erben mit der Lehnsabgabe belegen und dies sogar mit dem Bannfluch durchsetzen wollen. Ebenso wie Pösneck erwarb auch Saalfeld die höhere und niedere Gerichtsbarkeit. Dies geschah aber erst unter Wilhelm's Nachfolgern, Kurfürst Ernst und Herzog Albrecht, den Stiftern der ernestinischen und albertinischen Linie, von denen weiter nichts Erhebliches für Saalfeld mitzutheilen ist.

Da über die Einführung der Reformation in den sächsischen Län= dern durch die folgenden Regenten, Kurfürst Friedrich des Weisen und Johann des Beständigen, schon früher (Seite 26 des ersten Heftes) ausführlich gesprochen worden ist, kann ich es unterlassen, diese An= gelegenheit hier weiter zu erwähnen und will Ihnen nur die damit zusammenhängende Aufhebung der Abtei Saalfeld und ihre Vereinigung mit den ernestinischen Landen erzählen, die schon im Anfang des sech=

zehnten Jahrhunderts stattfand und womit der oben erwähnte Dualis=
mus der geistlichen und weltlichen Territorialhoheit in Saalfeld sein
Ende erreichte.

Diese Säcularisationsgeschichte ist eine der interessantesten unter
allen, die in Sachsen vorkamen; ich darf deshalb näher darauf eingehen.

Die Abtei Saalfeld hatte im Lauf der Jahre ihre geistliche Terri=
torialhoheit in Folge ihres großen Güterbesitzes außerordentlich in die
Höhe geschraubt und es endlich so weit gebracht, daß sie vom Kaiser
in den Rang eines Reichsfürstenthums erhoben und in der Reichs=
matrikel mit aufgeführt, daher auch mit zwei Mann zu Roß und acht=
zehn Mann zu Fuß oder monatlich mit 76 Gulden in Ansatz gebracht
und belastet wurde — eine Reichsunmittelbarkeit, die die Landeshoheit
des Hauses Sachsen in ihren Territorialrechten zu schädigen drohte,
weil die Abtei früher auf den Landtagen erscheinen mußte, jetzt aber
seit jener 1497 eingetretenen Standeserhöhung neben den sächsischen
Kurfürsten Sitz im Reichstag hatte. Ihre Mauern waren gegen
das Eindringen der neuen Lehre fest und undurchdringlich verschlossen.
Dies änderte sich, als der Bauernkrieg diese Mauern brach, die Stifts=
gebäude und das Kloster ausplünderte und einäscherte, die Klerisei aber
verjagte, die nach Erfurt floh. Als die geistlichen Herren, nachdem
der Sturm sich gelegt hatte, zurückkehrten und vor den Trümmern
ihrer ehemaligen Macht standen, sorgten sie wenigstens für ihre eigene
Existenz und der letzte Abt Georg überließ deshalb das Stift dem
Grafen Albrecht zu Mansfeld unter der Bedingung eigenthümlich,
daß dieser sich verbindlich mache, die lebenslängliche Versorgung des
geistlichen Personals und die Erfüllung ihrer Reichspflichten zu über=
nehmen. Der Abt versprach, die kaiserliche Beleihung des Grafen Alb=
recht mit dem Stift auszuwirken. Der Kaiser Carl V. aber zog vor,
den 1527 eingetretenen Tod des letzten Abtes, des erwähnten Abtes
Georg, zu benutzen, um das verwüstete Stift für heimgefallen zu
erklären, was die nächste Folge der Reichsunmittelbarkeit war, deren
es sich so sehr erfreut hatte. Er reichte es einem Propst Balthasar,
zu Waldkirch zu Lehn und befahl ihm, es wieder in seinen vorigen
Stand herzustellen. Der Kurfürst von Sachsen, Johann der Beständ=
dige, kehrte sich aber nicht an diese Beleihung, sondern nahm als Lan=
desherr die Landeshoheit über das Stift in Besitz und ließ dem
Propst von Waldkirchen auf seine deshalb erhobenen Beschwerden er=
öffnen, daß die Abtei Saalfeld seit ihrem Bestehen unter seinem, des

Kurfürsten, landesherrlichen Schutz stehe, auf seinen Landtagen er=
schienen sei, Landessteuer bezahlt habe und daß deßhalb die Aebte nie
befugt gewesen seien, sich vom Kaiser mit dem Rang der Reichsfürsten
beleihen und in die Reichsmatrikel aufnehmen zu lassen. — Es war
gewagt, der Reichsgewalt gegenüber in dieser Weise die Landeshoheit
geltend zu machen; und auffallend ist, daß der Propst von Walbkirchen
keinen Schutz beim Kaiser suchte, sondern den Erzbischof von Mainz
zu Hülfe rief, den aber der Kurfürst auf die Anträge, die er für den
Propst stellte, ebenfalls mit obigen Gründen abfertigte. Nunmehr
einigte sich der vom Kaiser mit der Abtei beliehene Propst mit dem
Hause Mansfeld, welches das Stift vom letzten Abt Georg schon über=
lassen erhalten hatte, und trat an Mansfeld die Stiftslande gegen
eine anständige Entschädigung ab, bedang sich aber aus, daß Mansfeld
verbunden sein solle, einem etwaigen neuen Abt und dem etwa resti=
tuirten Stift alle Güter gegen eine Entschädigung von 16,000 Gulden
wieder einzuräumen. Die Mansfelder blieben übrigens kurfürstliche
Vasallen.

Diese Eventualität einer künftigen Restituirung der Abtei schwebte
auch dem Kurfürsten vor und er suchte, ihr um jeden Preis zu be
gegnen. Er benutzte dazu die Geldverlegenheiten der Mansfelder und
wußte nur zu gut, daß es auch dem Propst von Walbkirchen nur an
ein Geldgeschäft angekommen war, als er die Stiftsgüter dem Haus
Mansfeld abgetreten hatte. So gelang es ihm, das Letztere mit eine
Rente von 2000 Gulden abzufinden und dafür die Stiftsgüter, jedoch
mit Ausnahme von Propstzella, in seinen Besitz zu bekommen
Aber hiermit war das Haus Sachsen dieses Besitzes noch nicht froh
Nach dem Tod des Kurfürsten, der bald nach der Erwerbung Saal
felds 1532 eintrat, griff abermals Kaiser Carl in die Verhältnisse de
Herrschaft ein, wozu ihm das fast gleichzeitige Ableben des Propste
Balthasar von Walbkirchen Veranlassung gab. Ihm hatte er ja di
Stiftslande verliehen, er meinte also, sie jetzt anderweit und natürli
in rein katholischem Interesse weiter verleihen zu können, wozu er si
den schwedischen Erzbischof von Lund ausersah. Die Beleihun
desselben erfolgte auch wirklich. Aber dem Erzbischof lag das Stif
doch gar zu fern und es war ihm auch unbequem, daß in der ganze
Umgegend desselben die lutherische Lehre schon festen Fuß gefaßt, e
also keine Hoffnung hatte, für den Katholicismus daselbst Erfolge e
zielen zu können. Er machte also ebenfalls ein Geldgeschäft aus be

Sache und ließ dem Kurfürsten Johann Friedrich dem Großmüthigen eröffnen, daß er nicht abgeneigt sei, ihm die Abtei gegen billige Vergütung abzutreten. Dies geschah. Der Kurfürst mochte sich nicht in abermalige Verwickelungen einlassen und verwilligte dem schwedischen Bischof „aus Gnade" eine lebenslängliche Rente von tausend Gulden zog die Abtei ein und vereinigte sie mit seinem übrigen Länderbestand, wurde auch von nun an nicht mehr in deren Besitz gestört. Der Kaiser scheint sich nicht mehr um das Stift gekümmert zu haben und jedenfalls unterließ man auch auf Seiten des Kurfürsten, ihm den Erwerb desselben anzuzeigen und eine Lehnsreichung nachzusuchen, denn in der kaiserlichen Canzlei figurirte die Abtei Saalfeld noch einige Zeit als Reichsfürstenthum fort und nach vierzig Jahren (1565) wurde durch gedruckten kaiserlichen Befehl, während es einen Abt in Saalfeld längst nicht mehr gab, „an den ehrwürdigen Reichsfürsten, den andächtigen Abt N. zu Saalfeld," die Aufforderung gerichtet, auf dem Reichstag zu Regensburg zu erscheinen. Obgleich nun der Kurfürst zwei Renten, 2000 Gulden an die Grafen von Mansfeld und 1000 Gulden an den Erzbischof von Lund zu zahlen hatte, so war doch der Grundwerth der Stiftsgüter so groß, daß ihr Abwurf noch mehr solcher Renten mit Leichtigkeit hätte decken können, denn die Güter umfaßten siebenundzwanzig Dörfer.

Die Periode der Saalfelder Geschichte, mit der wir uns gegenwärtig beschäftigen, bietet von nun an unter der ferneren Regierung des Kurfürsten Johann Friedrich's des Großmüthigen, des Sohnes und Nachfolgers Johann's des Beständigen, und Herzogs Johann Friedrich's des Unglücklichen und seiner Brüder nur wenig Erwähnenswerthes dar. Der schmalkaldische Krieg, der in der Schlacht bei Mühlberg so unglücklich für Johann Friedrich den Großmüthigen endigte, daß er Land, Kur und Freiheit verlor, betraf Saalfeld insofern, als die Stadt von Herzog Moriz von Sachsen belagert und mit einer Brandschatzung von 5000 Gulden belegt wurde. An Bestand und Verfassung der Herrschaft änderte sich nichts. Erst Johann Friedrich der Mittlere erwarb für sie die Propstei Zella, das ist das spätere Amt Propstzella. Dieses war nämlich bei dem Erwerb der Abtei Saalfeld vor ihrer Säcularisation durch Kurfürst Johann den Beständigen, der sie gegen eine Rente von 2000 Gulden von dem Grafen von Mansfeld erkauft hatte (siehe oben), mit den dazu gehörigen Dörfern und Waldungen als ein Grafengut dem Letzteren belassen, es war aber bedungen worden, daß, wenn dieses Grafengut an einen Käufer tieferen Standes veräußert werden sollte, der Lehn= und Territorialherr das Vorkaufs= oder Nährrecht ausüben dürfe. Hievon machte Johann Friedrich der Mittlere Gebrauch, als nach zwanzig Jahren ein Graf von Mansfeld das Grafengut an einen Herrn von Tina verkaufen wollte, den der Herzog wegen seines niederen Adels für einen nicht standesgemäßen Erwerber erklärte. Der Herzog wollte sogar das Gut als heimge= fallenes Lehn einziehen und nahm es in Besitz, obgleich auf Beschwerde Mansfeld's ein kaiserliches Verbot an den Herzog ergangen war. Auf solche Mandate gab man aber nicht viel. Herr von Tina mußte vom Kauf zurücktreten und der Herzog verglich sich mit den Grafen von Mansfeld dahin, daß er den Gläubigern des Letzteren 32,000 Gulden zahlte, dadurch das Amt Propstzella erwarb und es zu einem Bestand= theil der Herrschaft Saalfeld machte. — Als nach der Achterklärung, die der Kaiser über den Herzog wegen der Grumbach'schen Händel verhängte, seine Söhne, Herzog Johann Casimir und Johann Ernst von Coburg, in die Lande des Vaters restituirt wurden und ihr Oheim Herzog Wilhelm von Weimar mit ihnen abtheilen mußte, erlitt die Herrschaft Saalfeld die Verringerung, daß Pößneck davon abgerissen, den genannten beiden Prinzen zugetheilt und das übrige Saalfelder Gebiet dem Herzog Wilhelm überwiesen wurde. Mit diesem Bestand ging die Herrschaft Saalfeld bei Gelegenheit der Theilung der weima= rischen Lande in die Fürstenthümer Weimar und Altenburg an das Letztere über, aber — wie Sie sich erinnern werden — die ansehnliche Herrschaft Gräfenthal war schon früher unter Kurfürst Friedrich's des Streitbaren Söhnen davon abgetrennt und den Grafen von Pappen= heim überlassen worden, die sie seit 1438 besaßen und unter einander vererbten. Deshalb trat der Wiedererwerb Gräfenthal's für Altenburg als eine Hauptaufgabe in den Vordergrund und hievon muß ich Sie noch vor dem Schluß dieser Periode der Saalfelder Geschichte kurz unterhalten und dabei auf die früheren Verhältnisse der Herrschaft Gräfenthals näher eingehen.

Diese schöne waldreiche Herrschaft, die vier Quadrat=Meilen hielt, gehörte dem Grafen von Orlamünde mindestens seit der Mitte des dreizehnten Jahrhunderts. Das Grafengeschlecht kennen Sie ja aus der bekannten Sage von der verwittweten Gräfin Agnes von Orla= münde, welche zur Sühne ihrer Liebesbethörung zu dem aus der Henneberger Geschichte uns bekannten Burggraf Albrecht von

Nürnberg und der deshalb von ihr verübten Blutschuld an ihren beiden Kindern als „weiße Frau" im Königsschloß zu Berlin Unglück verkündend erscheinen soll. Da sich das Grafengeschlecht von Orla=münde in mehreren Linien, die Lauensteiner und die Plassen=burger, auseinanderschied, unterlag auch Gräfenthal dem Schicksal, verschiedenen Linien angehört zu haben. Im Jahre 1422 finden wir die Herrschaft in den Händen eines Grafen Otto VIII. und seines Bruders Wilhelm. Das waren die oben erwähnten verschuldeten und von zwei Juden mit Klagen verfolgten Grafen von Orlamünde. Sie hatten nämlich laut einer noch vorhandenen Schuldurkunde von den Juden 300 Goldgulden erborgt und sich einer Zinsverpflichtung unter=worfen, die weit über den Wucher unserer Tage hinausging. Das Judengesetz, das in der Grafschaft Henneberg galt, hatte ja in Sachsen keine Wirkung. Die Juden hatten Schloß und Stadt Gräfenthal im gerichtlichen Weg um 4302 Gulden erstanden. Da trat Kurfürst Friedrich der Streitbare 1426 in den Handel ein, fand die Juden ab und erwarb Gräfenthal, wie ich oben schon angedeutet habe. Der Rechtstitel seines Erwerbs wird also wohl entweder in einem von ihm gelegten Mehrgebot oder in einem mit den Juden beziehungsweise mit den Grafen von Orlamünde selbst abgeschlossenen Kaufvertrag gelegen haben. Der Kurfürst wollte über Gräfenthal weiter verfügen und es mit Saalfeld nicht dauernd verbinden. Er selbst starb zwar bald, aber seine Söhne, Kurfürst Friedrich der Sanftmüthige und Herzog Wilhelm der Tapfere, übertrugen, wie es schien, auf Wunsch des verstorbenen Vaters, die Herrschaft aus Gnaden dem Reichsmarschall Conrad von Pappenheim im Jahre 1438, um mit dem ihrer Residenz fern ge=legenen, im damals waldreichen Gräfenthal eine Pflicht der Dankbarkeit gegen diese Familie zu erfüllen, welche dem kurfürstlichen Hause früher treue und wesentliche Dienste geleistet hatte, wie ich dies vorhin schon kurz berührt habe. Die Pappenheimer waren eine reich begüterte Familie und bekamen noch dazu Gräfenthal als unentgeltlichen Besitz in ihre Hände. Wenn sie auch im Anfang die Landeshoheit des Hauses Sachsen anerkannten, wirkten sie doch bald hinter dem Rücken der Landesherren die Beleihung mit der Justizhoheit vom Kaiser Maximilian II. aus, um ihren Besitz der Herrschaft zu einer wirklichen Landeshoheit zu erheben. In dieser erhielten sie sich, bis einer der späteren Grafen von Pappenheim, Christoph Ullrich, diese Hoheits=rechte dem energisch eingreifenden Herzog Wilhelm (Oheim des Herzogs

Cafimir von Coburg) wieder abtreten mußte. Als Ullrich 1599 starb, war mit ihm seine Linie ausgestorben und Gräfenthal fiel an eine Pappenheim'sche Seitenlinie. Diese war im Anfang des siebenzehnten Jahrhunderts von Graf Marimilian von Pappenheim=Stullein vertreten und mit ihm ließ sich unser Herzog Casimir in Unterhandlung ein, um Gräfenthal an sein Haus zu bringen, bevor Altenburg eingriff, dem er zuvorzukommen suchte. Der Preis wurde aber zu hoch gestellt. Marimilian verlangte 150,000 Gulden. Auch die Vormundschaft über Herzog Philipp von Altenburg, welche schon länger nach dem Besitz Gräfenthals strebte, wagte nicht, diesen Preis zu zahlen. Aber Alten= burg setzte die Verhandlungen fort und gelangte 1620 zum Ziel. Grä= fenthal wurde um 102,000 Gulden verkauft und unter Altenburger Regierung mit der Herrschaft Saalfeld vereinigt. Man hatte ganz richtig gefühlt, daß eine Herrschaft wie Gräfenthal nicht von den Pap= penheimern, den Vasallen des Herzogs, ausgenützt werden dürfe, die ja dem Landesherrn gar nicht ebenbürtig waren und deßhalb war das Opfer nicht gescheut worden, sie abzufinden und zu entfernen.

Während dieser Regierung findet man zum erstenmal in der Saal= felder Geschichte, daß der wohlthuende Unterschied zwischen einer ge= wöhnlichen Verwaltung hergebrachter Art und einer wirklichen Re= gierung erkennbar zu werden beginnt. Bisher war der oben aus= geführte Dualismus ein wesentliches Hinderniß gewesen, von der Ver= waltung der Ländereien zu deren Regierung fortzuschreiten. Es lag aber auch, wie ich schon mehrfach erwähnt habe, im Geist der älteren deutschen Verfassungsverhältnisse, daß die Besitzungen der kleinen Terri= torialherren wie Güter administrirt, nicht aber wie Staaten regiert wurden. Wir haben um dieselbe Zeit auch in Coburg diese Erscheinung gefunden, als dort Herzog Casimir zur Regierung gelangte.

In Saalfeld trat Herzog Philipp sofort als Regent auf und forderte vor Allem von der Stadt die ihr früher überlassene höhere Gerichtsbarkeit zurück, weil sie ihr nur pachtweise von Kurfürst Ernst überlassen worden sei. Das konnte nicht bestritten werden, denn die Stadt zahlte für das Privilegium jährlich 50 Gulden an die Kammer= kasse der Landesherren. Saalfeld bot Alles auf, im Besitz der städti= schen Gerichtsbarkeit zu bleiben, konnte aber dem Herzog gegenüber nur ein Provisorium erreichen, indem die Stadt gegen Zahlung bezw. Deponirung einer Summe von 2000 Gulden zwar vorläufig die Aus= übung der Gerichtsbarkeit behielt, sie aber ausdrücklich im Namen

des Herzogs haubhaben und versprechen mußte, sie auf jegliches Ver=
langen eines späteren Landesherrn diesem gegen Rückzahlung der
2000 Gulden wieder abzutreten.

Der Herzog starb leider schon 1639; seine Tochter, Elisabetha
Sophie, sah er noch als Gattin dem Herzog Ernst dem Frommen nach
Gotha folgen. Sein jüngster Bruder, Friedrich Wilhelm II., über=
nahm die Regierung, denn die beiden anderen der vier Altenburger
Prinzen waren Opfer des dreißigjährigen Krieges geworden. Sie
wissen bereits, daß nach dem Erlöschen der Casimir'schen Dynastie in
Coburg das zerstückelte Herzogthum verloost worden und zum Theil
an Altenburg gefallen war (Seite 50); Saalfeld war schon damit ver=
bunden. Das Herzogthum Altenburg, kaum gegründet, hatte also schnell
eine ansehnliche Ausdehnung gewonnen. Das bedeutende Dorf Lehsten
wurde zu einer Stadt mit städtischer Verfassung erhoben und der
Herzog zeigte, daß er ein Fürst sein wolle und nicht mehr den vorhin
erwähnten Anschauungen der älteren Zeit angehöre. Er erließ im
Jahr 1667 für sein Herzogthum sogar eine Landtagsordnung, die einen
großen Fortschritt in der Entwickelung der landständischen Verfassungen
darstellt, worunter man sich aber nicht etwa ein Staatsgrundgesetz im
heutigen Sinn, sondern nur eine Geschäftsordnung für die landstän=
dischen Arbeiten denken darf. Er entwickelte eine Prachtliebe, die damals
ohne Gleichen war, hielt z. B. nach seiner zweiten Vermählung mit
der kursächsischen Prinzessin Magdalene Sybille, Wittwe des dänischen
Kronprinzen, einen feierlichen Einzug in Altenburg mit 1500 Pferden
und der Wagen des Ehepaars war mit acht Rossen bespannt, deren
Geschirrschmuck aus gediegenem Silber gefertigt war. Auch das schöne
Altenburger Schloß verdankt ihm einen Theil seiner beträchtlichen
Ausdehnung.

So war denn Saalfeld als Theil dieses Herzogthums Altenburg
eine verhältnißmäßig bedeutende und eine der werthvollsten Herrschaften
Thüringens geworden. Als solche fiel sie nach dem Aussterben des
Altenburger Fürstenhauses 1672 an Herzog Ernst den Frommen zu
Gotha, indem dieser kraft Erbrechts Altenburg mit Gotha vereinigte,
eine Verbindung, welche auch durch die Theilung seiner Lande in sieben
Herzogthümer noch nicht aufgehoben wurde; denn ungeachtet des zu
einer herzoglichen Residenz so vortrefflich geeigneten Schlosses, wurde
Altenburg bei jener Theilung kein selbstständiges Herzogthum, sondern
Herzog Friedrich I. von Gotha behielt es für sich. Daß Saalfeld

eines der sieben Fürstenthümer wurde, die Herzog Ernst's sieben Söhne gründeten, ist früher schon erörtert worden. Es umfaßte Saalfeld, Gräfenthal, Lehsten, Pösneck und Propstzella.

4.

Aus der vierten Periode der Saalfelder Geschichte ist bei Gelegenheit des Coburg-Römhild-Eisenberger Successionsstreits das Wesentlichste erzählt und namentlich schon vorher das politisch abhängige Verhältniß klar gestellt worden, in welches sich Johann Ernst, der erste Herzog des neuen Herzogthums Saalfeld, zu seinem ältesten Bruder, Herzog Friedrich I. von Gotha, gestellt hatte. Ich will deßhalb jetzt nur noch nachholen, was auf das Herzogthum Saalfeld vor seiner durch jenen Successionsstreit herbeigeführten Vereinigung mit dem Herzogthum Coburg Bezug hat.

Johann Ernst hielt am 3. August 1680 als erster Herzog in Saalfeld seinen Einzug und schlug seine Residenz in dem alten Schloß auf, welches auch früher den fürstlichen Personen als solche gedient hatte. Er führte aber auf den Ruinen der oft erwähnten Abtei, wo bereits sein älterer Bruder Albrecht, bevor er das Herzogthum Coburg übernahm, den Grund zu einem neuen Schloß gelegt hatte, den begonnenen Bau zu Ende und schuf dadurch zugleich eine Zierde für die Stadt. Im großen Stil wurde das Schloß nicht ausgeführt und kostete nur 5274 Gulden. Ihm gegenüber lag ein fatales Ueberbleibsel jener Abtei, nämlich das Hospital Graba, das der Herzog gerne aus der Nähe seines Wohnsitzes entfernt wissen wollte. Deßhalb beschloß er, dasselbe mit seinen Zubehörungen anzukaufen und in ein Kammergut zu verwandeln. Es gehörte aber dem Magistrat zu Saalfeld, der es nach der Säcularisation der Abtei behufs Anlegung eines Siechenhauses erworben hatte. Mit dem Magistrat von Saalfeld die Kaufbedingungen zu vereinbaren, scheint nicht leicht gewesen zu sein. Der Herzog mochte bei der in seiner Zeit schon bedeutend mehr als vorher entwickelten Staatsideen vielleicht den Besitz gewisser Hoheitsrechte weniger hoch angeschlagen haben, als es seine Ahnherren gethan hatten, die den Besitz aller Hoheitsrechte und namentlich der Justizhoheit eifrig erstrebten. Andererseits scheint es aber, daß er überhaupt im Anfang seiner Regierung politisch nicht gut berathen und persönlich noch nicht so staatsmännisch ausgebildet war, wie er es später an den

Tag legte. Der bekannte Vertrag mit seinem ältesten Bruder, dem Herzog Friedrich von Gotha, laut dessen er seine Saalfelder Hoheits= rechte durch Gotha auftragsweise ausüben ließ, beweist seine und seiner Rathgeber fehlerhafte politische Richtung, wogegen die Festigkeit, mit welcher er beim Successionsstreit darauf bestand, Coburg mit allen von ihm selbstständig auszuübenden Hoheitsrechten aus dem Streit als Beute herauszutragen, erkennen läßt, daß er sich zur vollen Höhe poli= tischer Anschauung emporgeschwungen hatte. Aus dieser kleinen Charak= teristik erklärt es sich, wie es möglich war, daß der Herzog beim Er= werb von Graba auf die Bedingung einging, dem Magistrat in Saal= feld, die niederen und oberen Gerichte eigenthümlich einzuräumen, die Johann Philipp von Altenburg der Stadt erst ganz hatte entziehen wollen, dann aber wenigstens durch den Magistrat im fürstlichen Namen ausüben ließ. Der Herzog Johann Ernst war also in seiner Residenz, abgesehen von dem gothaischen Nexus, nicht einmal oberster Gerichts= herr, denn er behielt sich nichts vor, als die Gerichtsbarkeit über seine Hofdienerschaft. Pösneck gegenüber verfuhr er etwas strenger; dort concurrirten auch nicht, wie bei Saalfeld, die wichtigen Interessen der Erwerbung einer Domäne. Auch der Stadt Pösneck war ja schon seit 1448 von Herzog Wilhelm dem Tapferen die obere und niedere Gerichtsbarkeit wiederkäuflich eingeräumt worden und sie blieb im Besitz dieser Gerechtsame bis jetzt, wo sie der Herzog gerade so zurückforderte, wie weiland Johann Philipp es Saalfeld gegenüber gethan hatte. Aber die Sache ging für Pösneck noch ziemlich günstig ab, indem die Stadt die Gerichtsbarkeit wenigstens gegen Widerruf behielt, wogegen ihr für den Fall des Widerrufs 2000 Thaler als Entschädigung zu= gesichert wurden.

Aus dem schon öfter erwähnten staatsrechtlichen Verhältniß, in welches sich der Herzog Johann Ernst zu dem ältesten Bruder in Gotha gesetzt hatte, folgte von selbst, daß seine Regierungsthätigkeit vorherrschend auf die inneren Landesangelegenheiten, Eisenhütten und Hammer= werke gerichtet bleiben mußte, wodurch z. B. das Dorf Wallendorf sich schnell zu einer ansehnlichen Stellung erheben konnte, die bis in die neuste Zeit sich erhalten hat und immer mehr gewachsen ist. Ein Herr von Born zu Frohburg, kaiserlicher Reichshofrath, bildete dort aus dem Zusammenkauf verschiedener Hammerwerke und Grundstücke einen im Jahre 1704 zum Rittergut erhobenen Gutscomplex und sein Nach= folger, der preußische Generalfeldmarschall Graf von Wartensleben dehnte ihn noch weiter aus, wurde vom Herzog mit Gerichtsbarkeit, Steuercollectur, Niederjagd, mit Sitz und Stimme bei den Landtagen begnadigt, erbaute in Wallendorf Kirche und Schule und unterhielt die Kirchen= und Schuldiener, wogegen er das Patronatsrecht genoß. — Aus jenem Abhängigkeitsverhältniß von Gotha folgt aber auch, daß Saalfeld keine eigenen Landtage hatte, sondern daß sie gemeinschaftlich mit Gotha in Altenburg abgehalten wurden, und daß der Herzog so= gar oft nur einen Abgeordneten zum Landtag abzuschicken hatte. Sol= cher Landtage wurden unter seiner Regierung achtzehn abgehalten und es scheint dies eine an landständischer Arbeit sehr fruchtbare Zeit ge= wesen zu sein, denn fast alle Regierungsfragen beschäftigten in dieser Periode die ständischen Versammlungen, deren Beirath die Regierung verlangte und namentlich war es die beginnende Organisation und Verbesserung des Militärs, die ihren Eifer und ihre Fürsorge in An= spruch nahm. Sie setzten dafür erst 12,000 Thaler und später 50,000 Gulden aus; dem Herzog Johann Ernst verwilligten sie eine sogenannte Kammerhülfe zur besseren Bestreitung der Hofhaltung von 3000 Gulden und für jede Aussteuer einer sich vermählenden Prinzessin 5000 Gulden.

Zum Schluß will ich Ihnen noch eine speciell auf Saalfeld resp. Coburg bezügliche Episode des großen Successionsstreites erzählen, deren Held der coburgische Geheimerath und Hofprediger Hassel gewesen ist. Als beim Beginn dieses Streites der Herzog Johann Ernst von Saalfeld sich den geheimen Abmachungen zu widersetzen be= gann, welche zwischen seinen Brüdern, dem kinderlosen Herzog Albrecht von Coburg und dem Herzog Bernhardt von Meiningen, zu Stand ge= kommen waren, hatte es der Letztere erreicht, den Geheimenrath Hassel in sein Interesse zu ziehen, der den Herzog Albrecht dazu vermocht hatte, zum Vollzieher eines zu Gunsten der Herzogin von ihm errichteten Testamentes den Kurfürsten von Mainz zu ernennen. Nach Albrecht's Tod (1699) ließ deshalb Hassel das Testament dem Kurfürsten durch den coburgischen Hofrath von Pernau zustellen, den er durch ein Handbillet dahin instruirte, den Kurfürsten zu bitten, daß er lediglich den Herzog Johann Ernst zu Saalfeld als den Urheber aller bisherigen Zwistigkeiten und Streitigkeiten ansehen möge. Was aus dem Testa=

ment wurde, gehört nicht hierher. Als aber Johann Ernst von jener ihn tief beleidigenden Instruction v. Pernau's Kenntniß erhielt, ließ er am 6. Januar 1700 den Geheimenrath Hassel verhaften, erst auf der hiesigen Veste detiniren und da ihm dies wegen der Meininger Gemeinschaft nicht sicher genug war, in's Amtshaus zu Propstzella überführen, dort scharf bewachen und ordnete eine strafrechtliche Untersuchung gegen ihn an. Nach deren Schluß ließ er die Acten an verschiedene auswärtige juristische und theologische Facultäten zum Spruch Rechtens versenden. Das durchschlagende und maßgebende Urtheil war dasjenige der Juristenfacultät zu Halle, welches ausstprach, daß, wenn es mit jenem Handbillet seine Richtigkeit habe, die desfallsige Strafe durch ein Jahr bereits erlittener Captur sattsam verbüßt, Hassel also in seine Aemter zu restituiren und frei zu lassen sei. Der Herzog aber war anderer Ansicht und behielt den Geheimenrath Hassel in Haft. Nun war dieser kurz vor seiner Verhaftung vom König von Preußen zum Professor der Theologie an der Universität Halle ernannt worden. Deshalb ließ der König dem Herzog von Saalfeld eröffnen, daß, wenn er den Hassel nicht auf freien Fuß setze, man preußischerseits gegen alle herzogliche Diener, wo man sie auch antreffen würde, ebenfalls mit Haft vorzuschreiten und diese so lange auszudehnen gezwungen sei, bis der Herzog Hassel's Freilassung verfügt haben werde. Da gab denn der Herzog nach. Hassel mußte aber das Land verlassen, mußte versprechen, daß er sich jeder Einmischung in den Successionsstreit enthalten wolle und wurde angehalten, hierfür eine Caution von 3000 Thalern aufrecht machen.

Hiermit schließen wir vorläufig die Saalfelder Geschichte ab. Ihren weiteren Verlauf werden wir in Verbindung mit der coburgischen Geschichte der neuesten Zeit (III. Heft) kennen lernen.

Die

andständische Verfassung

in Coburg.

———— ✶ ————

Im Anfang dieser geschichtlichen Vorträge (Seite 2) habe ich die Bemerkung ausgesprochen, daß Coburg in früheren Jahrhunderten eine Verfassung nicht gehabt habe und daß erst unsere Generation herangewachsen sei unter ununterbrochener, fast stürmischer Entwickelung dieses Begriffes. Mit diesen Worten war selbstredend die Verfassung im engeren Sinne, das heißt, diejenige gemeint, welche ein neben der Landeshoheit stehendes und dieselbe einschränkendes Organ constituirt, nämlich eine landständische Verfassung der früheren Zeit und eine wirkliche Repräsentativ-Verfassung des modernen Staatsrechts. Freilich eine Verfassung im weiteren Sinn, und zwar eine ziemlich autokratische, hatten die kleineren Territorien alle und je kleiner sie waren, desto autokratischer war ihre Landeshoheit. Auf jene Bemerkung müssen wir jetzt zurückkommen und untersuchen, wie eine Verfassung bei uns nach und nach entstanden ist und bis zu einer „landständischen" am Ende des vorigen Jahrhunderts sich ausgebildet hat. Der Fortschritt dieser Letzteren zur Repräsentativ-Verfassung kann erst bei der Erzählung der Geschichte der neusten Zeit besprochen werden. Eine solche Untersuchung ist aber nicht möglich, ohne auf die ständischen Verfassungsverhältnisse in Deutschland überhaupt, ja, sogar auf die alte Reichsverfassung mit einzugehen und hiermit ein Feld der deutschen Staats- und Rechtsgeschichte zu betreten, welches seine eigene Literatur hat und bezüglich der älteren Zeit reicher ist an Hypothesen, als irgend ein anderes Gebiet der geschichtlichen Wissenschaft. Ich werde daher vieles Interessante und Wissenswerthe nur so weit berühren können, als ich im Stand bin, Ihnen feststehende Resultate der reichen wissenschaftlichen Forschungen unserer Gelehrten mitzutheilen und werde mich auf Hypothesen nur sehr wenig oder gar nicht einlassen dürfen.

7*

Es sind bei dieser Untersuchung besonders zwei staatsrechtliche Er=
scheinungen des Mittelalters in's Auge zu fassen und in ein möglichst
klares Licht zu stellen, nämlich die sogenannten Landesversamm=
lungen, später auch Landtage und Hoftage genannt, und das
Gesetz der Hohenstaufen von 1231. Was das Letztere betrifft, so
wird wohl mit ziemlicher Sicherheit behauptet werden dürfen, daß in
ihm die Quellen der landständischen Verfassung nicht oder wenigstens
nur erst durch eine Kette von Schlußfolgerungen gefunden werden
dürfen, während man gar nicht selten behaupten hört, daß diese Ver=
fassung zuverlässig aus jenem Gesetz entsprossen sei. Auch die Frage,
ob die landständische Verfassung in den Landesversammlungen ihren
Ursprung habe, läßt sich nur durch Schlußfolgerungen beantworten,
und zwar muß man hier einen Unterschied machen zwischen den großen
Territorien, nämlich den alten nationalen Herzogthümern, und zwischen
den kleinen Fürstenthümern und Grafschaften einerseits; sowie zwischen
der Zeit vor und nach dem Interregnum andererseits. Erst auf Grund
dieser Untersuchung können wir dann zuletzt die Entstehung und Fort=
bildung unserer coburgischen Verfassungsverhältnisse beobachten und
verstehen.

Der Gedanke, welcher jeder landständischen Verfassung zu Grunde
liegt und eine gewisse, die Landeshoheit beschränkende Theilnahme be=
vorzugter Stände an der Regierung zum Gegenstand hat, ist in
einer einem Gesetz ähnlichen Form zum erstenmal allerdings unter
dem Hohenstaufenkaiser Friedrich II. ausgesprochen worden. Dieser
Kaiser, bekanntlich einer der bedeutendsten Männer, die je die deutsche
Krone trugen, setzte auf einem Reichstag in Worms im Jahr 1231
den Beschluß durch, welcher in dem nicht mehr classischen Latein jener
Zeit uns aufbewahrt geblieben ist und also lautet:

„Requisito consensu principum fuit taliter definitum, ut
neque principes neque alii quilibet constitutiones vel nova
jura facere possint, nisi meliorum et majorum terrae con-
sensus primitus habeatur."

Zu deutsch: Nach eingeholter Zustimmung der Fürsten ist be=
stimmt worden, daß weder die Fürsten, noch sonst welche Machthaber
(das sind die Territorialherren) Gesetze oder neue Rechte schaffen dürfen,
wenn sie nicht vorher die Zustimmung (also nicht nur den Beirath)
der Angesehenen und Mächtigen des Landes dazu erhalten haben,

Manche Gelehrte schreiben diesen interessanten Ausspruch des Kaisers, der hier in referirender Form eines Reichstagsbeschlusses (Reichsabschie= des) wieder gegeben ist, dem Sohn Friedrich's II., König Heinrich, zu. Aber hierauf kommt weniger an; 1231 war Friedrich zwar in Italien beschäftigt, aber schwerlich dürfte ohne seine intellectuelle Ur= heberschaft jener wichtige Beschluß zu Stande gekommen sein, den wir das Hohenstaufengesetz nennen wollen, denn ein Gesetz war ja der Beschluß nach eingeholter Zustimmung der Reichsstände durch die kai= serliche Sanction und Publication geworden. Er stammt also aus der Blüthezeit der kaiserlichen Macht im Mittelalter und aus dem Geschlecht der Hohenstaufen, welches seine ganze Energie auf Herstellung einer starken Regierungsgewalt in Deutschland richtete. Der Beschluß von Worms ist selbst kein autokratischer des Kaisers, sondern erst „nach eingeholter Zustimmung des Fürsten" gefaßt worden, denn es beruhte auf altem Herkommen und allgemeiner Rechtsanschauung in Deutsch= land, daß der Kaiser Gesetze nur nach vorgängiger Berathung und Zustimmung der Fürsten und überhaupt der geistlichen und weltlichen Reichsstände erlassen dürfte. Deutschland war nie und zu keiner Zeit ein Cäsarenreich. Wir wollen diesen Umstand im Auge behalten und werden aus demselben die eigentliche politische Bedeutung des Wormser Reichstagsbeschlusses nachher erkennen lernen.

Wenn nun derselbe den Fürsten des Reiches verbietet, Gesetze oder neues Recht ohne Zustimmung der erwähnten Autoritäten zu schaffen und wir uns vergegenwärtigen, daß ja auch die ausgebildeten Ver= fassungen unserer Zeit demselben Grundsatz huldigen, indem sie den Erlaß neuer Gesetze an die Bedingung des Beirathes und der Zu= stimmung der heutigen Landtage binden, so war es vielleicht doch zu weit gegangen, zu behaupten, daß es ehedem keine Verfassung in Coburg gegeben habe; denn was das Hohenstaufengesetz allen Fürsten zur Pflicht machte, mußte doch wohl auch für die henebergischen und sächsischen Territorialherren, also auch für das damalige Coburg, ge= golten und zu Recht bestanden haben. Etwas Wahres liegt hierin: die verbindliche Kraft des Gesetzes auch für diese Länder läßt sich nicht bestreiten. Nur darf man daraus nicht so viel schließen, daß in dem Gesetz der Anfang einer landständischen oder gar einer Repräsentativ= Verfassung liege; denn es beruht nicht nur die heute nöthige Zustim= mung der Landtage zu Gesetzen, wie wir später sehen werden, auf ganz anderen Gründen und Voraussetzungen, sondern auch die Tendenz des

Gesetzes war eine ganz andere. Der Kaiser hat nämlich nicht etwa
beabsichtigt, die Macht der Landeshoheiten in Deutschland deshalb zu
beschränken, weil er einer Vertretung der Rechte bevorzugter Stände
dem Landesherrn gegenüber besonders hold gewesen wäre und diese
Vertretung für ein natürliches Recht jener Stände gehalten hätte,
was er durch den Wormser Reichstagsbeschluß sanctionirt sehen wolle.
Solche constitutionelle Regungen lagen den Hohenstaufen ganz fern.
Vielmehr wollten sie dem Zustand ein Ende machen, wonach die Landesherren gegenüber den weltlichen Großen und der Geistlichkeit ihrer
Territorien eine größere und uneingeschränktere Gewalt hatten, als der
Kaiser seinen Reichsständen gegenüber. Mußte der Kaiser selbst, wie
wir es aus dem Hohenstaufengesetz soeben ersehen haben, vor Erlaß
eines Reichsgesetzes erst die Fürsten um ihre Zustimmung befragen,
so sollten umsomehr die Landesherren an die Zustimmung ihrer Großen
gebunden sein, wenn sie neue Rechte schaffen und Gesetze erlassen wollten, deren wir übrigens in unseren kleinen Ländern aus jener Zeit
kaum kennen. Also bezweckte das Hohenstaufengesetz in erster Linie
eine Schwächung der Territorialherren und dadurch mittelbar eine Kräf-
tigung der Centralgewalt des Kaisers, nicht aber eine Begnadigung
bevorzugter Stände mit besonderen ständischen Rechten. Diese Eifer-
sucht der Kaiser auf die Macht ihrer Vasallen beherrscht ja die ganze
Entwicklungsgeschichte des deutschen Staatsrechts und noch heute müssen
wir in der politischen Stellung der Reichsfürsten und ihrer Territorien
und in der Macht derselben die Wiege des Particularismus erkennen,
der im deutschen Blute liegt, mit dem auch unser neu erstandenes Kaiserthum einen der schwersten Kämpfe bestehen muß und von dem unser
Reichskanzler das Witzwort gebraucht hat, daß sich jeder Deutsche am
liebsten seinen eigenen Fürsten hielte, wenn er ihn bezahlen könnte.
Die Tendenz des Hohenstaufengesetzes wird uns vollends klar, wenn
wir daran denken, daß zur Zeit jener Kaiser die Landeshoheit schon
erblich geworden war. Kaiser Heinrich VI., der Vater Friedrich's II.,
hatte diese Erblichkeit den Reichsfürsten urkundlich zugestanden, während
sein Plan, die deutsche Krone erblich an sein Haus zu fesseln, miß-
lungen war und unausgeführt blieb. Die Reichsfürsten waren also
mit ihren Familien im ruhigen und dauernden Besitz der ihnen vom
Kaiser verliehenen Landeshoheit. Deshalb fragten sie in ihren Ländern wenig oder gar nicht nach Adel und Geistlichkeit und geboten
dort viel unumschränkter, als es im Reich der Kaiser vermochte, dessen

Macht später sogar zu derjenigen eines Wahlpräsidenten des souveränen Reichstages herabsank und der, wenn er seine Reichsstände vernachlässigt hätte, der sicheren Gefahr sich aussetzte, seine Dynastie bei der nächsten Kaiserwahl übergangen zu sehen, und eben deshalb finden wir auch, daß die Landesherren dem Hohenstaufengesetz nicht einmal viel Gehorsam leisteten. Hätten die Kaiser, sich über die althergebrachte Beschränkung ihrer Macht hinwegsetzend, neue Gesetze ohne Zustimmung der Reichsstände aus eigener Machtvollkommenheit erlassen wollen, so wären sie seitens ihrer geistlichen und weltlichen Aristokratie energisch und jedenfalls viel erfolgreicher in die Grenzen ihrer Befugniß zurückgewiesen worden, als es die Territorialherren von ihrer Geistlichkeit und Ritterschaft zu befürchten hatten. Und die Kaiser selbst konnten dem Hohenstaufengesetz in den Territorien nicht einmal Geltung verschaffen. Wer waren sie denn, die dem großen Herrschergeschlecht folgten? Sie kamen ja kaum nach Deutschland, jene Alfons von Castilien, Wilhelm von Holland, Richard von Kornwallis, denen man die Kaiserkrone antrug, nur um wenigstens einen Träger für sie zu finden. Von kaiserlicher Autorität wußte man zur Zeit dieser Fremden, die man das Interregnum nennt, nichts mehr in Deutschland. Das Kaiserthum hielt also schon zur Hohenstaufenzeit bezüglich der inneren Regierungsgewalt mit derjenigen der Reichsstände in den Territorien kaum einen Vergleich aus und das Reichsgesetz von 1231 läßt hierüber keinen Zweifel mehr aufkommen, denn wir können und müssen daraus, daß es überhaupt erlassen wurde, die Schlüsse ziehen: daß in der Zeit vor dem Gesetz, also bis 1231, die Territorialverfassungen reine Autokratien waren, in denen die Landesherren gar keiner Beschränkung unterlagen; daß also auch die sogenannten Landes-Versammlungen jener Zeit nicht dazu angethan gewesen sein können, eine solche Beschränkung der Landeshoheiten eintreten zu lassen; daß diese Versammlungen demnach vor und in der hohenstauf'schen Zeit mit den Staatsinstitutionen, die wir später als Landstände ausgebildet finden, begrifflich noch ebensowenig gemein haben, als das Hohenstaufengesetz die Letzteren vorbereitete.

Diese Landesversammlungen, die wir jetzt etwas näher betrachten müssen und die schon in früher Zeit oft Landtage und Hoftage genannt werden, stammen aus den alten Volksversammlungen, als es noch keine Könige in Deutschland gab. Schon Tacitus, der älteste Autor unserer vaterländischen Zustände, kennt und erwähnt sie. Es

waren öffentliche Versammlungen der Aristokratie, das heißt, der herr=
schenden, grundbesitzenden Geschlechter, aus denen sich der hohe und
niedere Adel späterer Zeit entwickelte. In diesen Versammlungen
wurden die wichtigeren Angelegenheiten des Gaues berathen und be=
handelt; hauptsächlich aber haben sie Recht gesprochen und sonstige
Justizhandlungen vorgenommen. Sie stellen also eine gewisse Selbst=
regierung dar, wurden als solche vom späteren Königthum beschränkt
und je mächtiger dies wurde, desto mehr mißachtet, zurückgedrängt, ja,
fast beseitigt. Aber bald erkannten es freisinnige Könige und besonders
Carl der Große als ein Bedürfniß an, sie wieder in's Leben zu
rufen und Carl der Große gebot ausdrücklich, daß sie in allen Terri=
torien mehrmals im Jahr abgehalten werden sollten. So erhielten sie
sich bis in's dreizehnte Jahrhundert vorherrschend in der Eigenschaft
großer Gerichtstage. Mit dem Hohenstaufengesetz und durch dasselbe
wurde ihnen auch eine politische Bedeutung zurückgegeben, indem die
Territorialherrn, die nunmehr an die Zustimmung ihrer Großen ge=
bunden waren, wenn sie neue Constitutionen und neues Recht schaffen
wollten — soweit sie nämlich wirklich Achtung vor jenem Gesetz hatten —,
die Versammlungen ihrer Aristokratie dazu benutzten, um mit ihr über
diese Zustimmung zu verhandeln. In kleineren Territorien gab man
damals noch keine Gesetze, wir kennen wenigstens kaum Spuren davon;
in größeren dagegen und namentlich in denjenigen, die sich als die
Reste der Nationalherzogthümer, z. B. Bayerns, Sachsens, Böhmens,
Thüringens, Frankens und andere mehr, betrachteten, trat die politische
Bedeutung jener Landesversammlungen viel entschiedener hervor und
sie wurden nach und nach, namentlich während des Interregnums kleine
Reichstage. In den kleinen Territorien behielten die Landesversamm=
lungen noch lange den Charakter von Gerichtstagen, politisches Gewicht
hatten sie dort gar nicht. Dies gilt hauptsächlich auch für die kleinen
Gebiete Mitteldeutschlands und die späteren Landstände derselben haben
sonach mit den Landesversammlungen vor der Zeit des Interregnums
nur eine sehr entfernte Verwandtschaft. Uebrigens ist selbst in den
großen Territorien die politische Bedeutung der Letzteren schwer aus
bestimmten Thatsachen zu erkennen und ich glaube, daß wir uns hier
zu sehr auf das oben erwähnte Feld der Hypothesen verleiten lassen
würden, wenn wir versuchen wollten, näher auf diese Frage einzugehen.

Dagegen steht fest, daß schon während der Zeit des Interregnums
eine wesentliche Veränderung mit den Landesversammlungen vorging.

Je schwächer und gebrechlicher nämlich in dieser Zeit das Ansehen der deutschen Könige und römischen Kaiser wurde, desto höher stieg die Macht und das Ansehen, aber auch die Anmaßung der Geistlichkeit und die Autokratie der Territorialherren. Beides erzeugte auch in den kleineren Gebieten eine andere Stellung der Aristokratie. Das Wesen der mittelalterlichen Landeshoheit haben wir aus der Henneberger Geschichte beispielsweise kennen gelernt und haben gesehen, daß sie ihren Schwerpunkt in der Justizhoheit und in der Hofhaltung hatte. Freilich war die Justizhoheit, der Gerichtsbann, den Landesherren von den Kaisern zu Lehn übertragen und diese bemühten sich, sie als ein kaiserliches Amt erscheinen zu lassen, welches für den Kaiser und an seiner Stelle von den Vasallen desselben durch seine Landesversammlungen ausgeübt werde. Das gelang ihnen aber für die Dauer nicht und schon mit der Erblichkeit der Landeshoheit, besonders aber mit der Steigerung ihrer Macht während des Interregnums verschwand der Charakter des Gerichtsbannes als eines kaiserlichen Amtes gänzlich und die Landesherren übten die Justizhoheit und bald auch das Richteramt in eigener Person oder durch Beamte (geharnischte Ritter) an der Stelle der Landesversammlungen als Ausfluß ihrer Landeshoheit aus. Die Justizhoheit bot aber damals ebensowenig, wie die Hofhaltung Material für eine politische Thätigkeit der Aristokratie. Beides lag ihr fern, so lange der dadurch veranlaßte Kostenaufwand von der landesherrlichen Kammerkasse gedeckt wurde, denn für die Rechtspflege an und für sich war die Landesaristokratie in jener Zeit gleichgültig und die Hofhaltung war ihr nützlich und angenehm. Wenn also auch aus diesem Grund die damaligen Landesversammlungen kaum in eine Parallele mit den späteren Ständeversammlungen gestellt werden können, so änderte sich dies ebenfalls durch die vorhin erwähnten Einflüsse des Interregnums auf die Stellung der Geistlichkeit und die Macht der Territorialherren. Die Geistlichkeit zog sich nämlich von den Landesversammlungen in vielen Ländern ganz zurück. Erst nach Verlauf eines Jahrhunderts finden wir sie dort wieder. In stolzer und selbstbewußter Abgeschlossenheit verfolgte sie ihre eigenen Interessen, die Erhöhung der geistlichen Gewalt über die weltliche und die Häufung ungeheurer Reichthümer in ihren Klöstern und Stiften. Sie überließ den Rittern alle Sitze in den Landesversammlungen und deshalb erscheinen diese jetzt unter dem Namen Rittertage. Einer der ältesten Rittertage wurde 1308 von einem Markgraf Friedrich zu

Meißen in Erfurt abgehalten. Weitere urkundliche Nachweisungen über ihre Thätigkeit fehlen für unsere Gegend gänzlich. Hoftage wurden die Landesversammlungen jetzt nicht mehr genannt, aber ihre andere Bezeichnung, „Landtage", ging bald auf die Rittertage über, die auch von jetzt an den Charakter anzunehmen beginnen, den die späteren ständischen Landtage an sich tragen. Mit der gesteigerten Territorialhoheit steigerte sich nämlich der Aufwand derselben in unverhältnißmäßiger Progression; Fehbelust, kleine Kriege, glänzende Hofhaltung, Erbauung von Schlössern und Burgen, Theilnahme der Landesherren an der kaiserlichen Hofhaltung und ihre Begleitung der Kaiser auf deren Reisen, in ihren Kriegen und auf den Römerzügen verschlangen große Summen. Es griffen daher die Rittertage zuerst in die Hofhaltung der Landesherren, in ihre Fehbelust und in ihre sonstigen eben erwähnten anderen kostspieligen Neigungen ein, denn dies Alles konnten die Territorialherren aus ihren Kammermitteln nicht mehr bezahlen. Auch hiervon habe ich in der Henneberger Geschichte Beispiele erzählt. Es haben daher die Rittertage fast in allen Gegenden unseres damals am Rand der Anarchie stehenden Vaterlandes insofern politische Funktionen geübt, als sie Beschränkungen der landesherrlichen Macht durch energische Proteste gegen die Geldverschwendung und durch Ertrotzung von Privilegien herbeiführten. Für unsere mitteldeutschen Fürstenthümer und Grafschaften läßt sich dies im vierzehnten und im Anfang des fünfzehnten Jahrhunderts noch nicht nachweisen; vielmehr beginnt hier diese politische Stellung der Ritterschaft erst mit dem zu Anfang des sechzehnten Jahrhunderts hervortretenden Geldmangel der Fürsten, die zur Bestreitung ihrer immer wachsenden Ausgaben und zur Tilgung ihrer Schulden jetzt die Hülfe ihrer Aristokratie anrufen mußten. In dieser Thatsache liegt der eigentliche wahre und klar erkennbare Entstehungsgrund der landständischen Verfassungen, wenn man auch nicht annehmen darf, daß er überall zu gleicher Zeit eingetreten wäre. Stellen wir nun kurz das Ergebniß unserer Untersuchung zusammen, bevor wir weiter gehen, so ergeben sich folgende Sätze:

1) Vor der Entwickelung einer wirklichen Landeshoheit in Deutschland finden wir eine Selbstregierung der Nation in den Volksversammlungen, die mit einer landständischen Verfassung noch gar nichts zu thun hat.

2) Der fertigen Landeshoheit gegenüber bildeten sich aus jenen Volksversammlungen heraus die Landesversammlungen in den Nationalherzogthümern, auf denen die weltlichen und geistlichen grundbesitzenden Herrschergeschlechter Recht sprachen und an wichtigeren Territorialregierungsfragen Theil nahmen; diese Versammlungen kann man also als die erste Form der späteren landständischen Versammlungen auffassen, wenn sie auch noch weit von den Functionen derselben entfernt waren. Sie hießen aber schon Landtage oder auch Hoftage.

3) Das Hohenstaufengesetz von 1231 wies ihnen diese Functionen schon in höherem Maße zu, indem es die Autokratie der Territorialherren beschränkend zu deren Gesetzen die Zustimmung der Großen des Landes verlangte.

4) Die kleineren Territorien kannten jene Landes-Versammlungen nicht; erst nach dem Interregnum bildeten sie sich auch dort, und zwar mit vorherrschend richterlichem Charakter. Die Geistlichkeit hatte sich aber fast überall in Deutschland von ihnen zurückgezogen, so daß nur noch die Ritter in den Versammlungen erschienen, weshalb diese nunmehr **Rittertage** genannt werden. In dieser Form griffen sie bereits in der Weise in die Rechte der Landeshoheit ein, daß sie den Finanzhaushalt der Letzteren ihrer Kritik und Controle unterwarfen und durchsetzten, von den Landesherren zur Beihülfe zu den Kosten der Landeshoheit ersucht zu werden.

Die Entwickelung der landständischen Verfassung hat im Lauf der Zeit bis zum Ende des vorigen, ja, bis zum Anfang unseres Jahrhunderts fast immer gleichen Schritt mit der Entwickelung des Staates gehalten. Mit der Erweiterung des Staatszweckes und des Staatsbegriffes entstand das Bedürfniß und — ich möchte sagen — die logische Nothwendigkeit ständischer Vertretungen und mit der Verfeinerung und Steigerung beider bis zu der Höhe der Anforderungen unserer Zeit erwuchs aus der ständischen Verfassung die moderne Repräsentativverfassung in Deutschland. Nur einmal unterlag die ständische Verfassung so vollständig der Staatsgewalt, daß diese es wagen durfte, alle ständischen Versammlungen in Deutschland zu verbieten. Das geschah, wie wir später sehen werden, in den ersten Jahren unseres Jahrhunderts mit der Gründung des Rheinbundes und das

Verbot ging von der französischen Gewaltherrschaft aus. Doch kehren wir zunächst zu den Rittertagen zurück.

Aus der bisherigen Ausführung folgt schon von selbst, daß ihr Dasein nicht auf geschriebenem Recht, sondern nur auf Grund that= sächlicher Verhältnisse beruhte; diese waren ja im Mittelalter viel mächtiger, als das formale Gesetz, welches sich damals in Deutschland erst zu bilden begann. Ebenso beruht aber auch die Erweiterung der Macht der Rittertage lediglich auf thatsächlichen Verhältnissen, die natürlich sich überall anders gestalteten. Darin aber stimmen diese Letzteren alle überein, daß die Landesherren in die Lage gekommen waren, von ihrer Ritterschaft Geldbeiträge für ihre Regierung erbitten zu müssen und daß die Ritter ihnen dieselben nicht verweigern konnten, wollten sie nicht den Territorialstaat in seiner Existenz gefährden; daß hieraus nach und nach die Steuern entstanden, daß folglich die Ritter= tage sich anschickten, vom Landesherrn Rechenschaft über die Verwen= dung dieser Steuern zu verlangen und sich dabei allerlei Vorrechte zu stipuliren; daß übrigens nirgends die Rittertage sich einer festen Orga= nisation erfreuten, sondern nach Lage der Dinge auf den Ruf des Lan= desherrn sich in irgend einer Stadt versammelten, und zwar je ernster die Situation war, desto vollzähliger und glänzender; daß sie ferner eine wesentliche Veränderung erst dann erlitten, als im Anfang des fünfzehnten Jahrhunderts die Geistlichkeit sich wieder auf den Ritter= tagen einfand und die Städte sich hoben und ihre Vertreter dahin absandten, so daß nunmehr auf dem Landtag die Ritter, die Prä= laten und die Städte erschienen; daß auch auf diesen schon gerei= steren Landtagen namentlich in den kleineren Territorien die Steuer= bewilligung den wesentlichsten Gegenstand ihrer Thätigkeit bildete und nicht etwa die Berathung von Gesetzesvorlagen und andere Staats= angelegenheiten; daß die Landesherren sich bei ihrer immer chronischer werdenden Geldverlegenheit gezwungen sahen, die Landtage einzu= berufen, so daß diese also schließlich ihren Schwerpunkt in den Finanz= fragen und in der Ertrotzung ständischer Vorrechte, als Aequivalente für die Steuerbewilligung, fanden und über diese Vorrechte sich Frei= briefe und ähnliche Urkunden ausstellen ließen.

Daß die Prälaten zu den Landtagen zurückkehrten, hatte seinen Grund in der Reaction, die jede auf's höchste gespannte Kraft natur= gemäß hervorruft. Die Geistlichkeit unterlag diesem Naturgesetz, als sie ihre Macht zu mißbrauchen anfing, durch ihre Sittenlosigkeit ihr

Ansehen schädigte, überall bei Volk und Fürsten Empörung und Unwillen hervorrief und deshalb sich in ihrer früher erworbenen stolzen Sonderstellung nicht mehr zu halten vermochte. Der Bannstrahl verlor seine Schrecken und gegen das Interdict gewährten die Landesherren Schutz, denn sie erschwerten mit allen ihnen zu Gebote stehenden Mitteln die Ausführung desselben. Ja die niedere Geistlichkeit, die Minoriten, boten selbst die Hand, es unwirksam zu machen, denn sie versahen die religiösen Gebräuche, die das Interdict verbot. Schon zu Ende des vierzehnten Jahrhunderts hatten weltliche Territorialherren Verordnungen gegen die Rechte und Güter der Kirche erlassen, in denen Schenkungen und andere Veräußerungen an die Kirche verboten und die Kirchengüter besteuert wurden, so daß die Prälaten Schutz beim Kaiser suchten. Auf einem Landtag zu Naumburg klagten 1499 die sächsischen Herzöge über die Anmaßung der geistlichen Gerichte, weil sie weltliche Dinge vor ihr Forum zogen und die Landesordnung des Herzogs Wilhelm zu Sachsen von 1446 verbot deshalb alle und jede Einmischung geistlicher Gerichte in weltliche Sachen. Die Geistlichkeit sah sich daher genöthigt, sich den weltlichen Mächten wieder zu nähern, sich an sie anzuschließen und sich mit ihnen zu versöhnen und zu verbinden, um nicht jetzt schon viel von demjenigen Ansehen zu verlieren, welches hundert Jahre später durch die lutherische Reformation noch mehr erschüttert werden sollte und so finden wir denn allmälig die Prälaten hie und da und bald fast auf allen Landtagen wieder. An den kursächsischen Landtagen nahmen die Bischöfe von Meißen, Merseburg und Naumburg nebst Abgeordneten ihrer Domcapitel Theil. Wo es keine Bischöfe gab, ersetzten die Vertreter der Stifte und Klöster die Prälaten. Dennoch konnte man die nunmehrigen Versammlungen der Landtage noch nicht als ständische Versammlungen auffassen, weil sie noch jeder organisirten Gliederung entbehrten und noch nicht als Stände, sondern nur als Mächtigste und Vornehmste des Landes zu den Versammlungen gerufen wurden. Erst als die Städte zu größerer Macht und Blüthe heranwuchsen, trat das ständische Element durch das Erscheinen ihrer Vertreter auf den Landtagen mehr hervor, aber es fehlte denselben immer noch der Charakter organisirter Corporationen. Dazu kam, daß durch die Bildung von Gerichtshöfen, durch die allmälige Organisation anderer Regierungscollegien und durch die selbstständige Verwaltung, welche die städtischen Gemeinden errangen, den Landtagen in vielen Territorien und auch bei uns die frühere richterliche Thätigkeit und die Berathung von wichtigeren Landesangelegenheiten entzogen wurde, so daß man sie fast für unnöthig hielt und sie nur zusammen= rief, wenn man Geld bedurfte. Man weiß daher auch aus jener Zeit nur wenig von ihnen und es geschieht ihrer kaum Erwähnung.

Das wachsende Gemeindewesen und das schnell steigende Ansehen der Städte schaffte aber den Landtagen dennoch nach und nach eine geschlossenere Stellung und man erkennt deutlich im sechzehnten Jahr= hundert ihre Fortbildung zu organisirten Corporationen. Dies verdankten sie einem damals das deutsche Volk durchdringenden Trieb zu Einigungen und Bündnissen aller Art, den man sehr bezeichnend das Einungswesen nennt. Dasselbe erzeugte Städteordnungen und Städtebündnisse, z. B. die Hansa; es erzeugte ferner die vielen Bünd= nisse fürstlicher und gräflicher Häuser gegen das Faustrecht, von denen wir aus der Henneberger Geschichte viele Beispiele kennen gelernt haben; ja, es erzeugte sogar Bündnisse der Ritterschaften untereinander, die die Stellung der Landtage außerordentlich hoben und wovon bei uns eine Spur in demjenigen Bündnissen unserer Ritterschaft mit der fränkischen und deren Vorort Bannach gefunden werden kann, welche unter der Re= gierung des Herzogs Casimir sogar die Reichsunmittelbarkeit erstrebten, aber durch die kräftige Hand des Herzogs in die Grenzen ihrer Terri= torialunterthanschaft zurückgewiesen wurden.

Daraus, daß nunmehr auf den Landtagen der Adel, die Geistlich= keit und die Städte als Corporation in ständischer Gliederung auftraten, darf man nicht folgern, daß auch die ländliche Bevölkerung eine Vertretung gefunden hätte. Nach der Ausbildung des Städtewesens war Stadt und Land auseinander gefallen, es waren zwei verschiedene Standesbegriffe geworden und man kann das Land den vierten Stand nennen, der fast nirgends und namentlich nicht bei uns in Mittel= deutschland sich damals irgend einer Vertretung auf den Landtagen zu erfreuen hatte. Die drei bevorzugten Stände beuteten ihre ständischen Rechte häufig auf Kosten der Landleute aus. Aber zur gleichmäßigen Verfolgung selbst ihrer eigenen Interessen reichte die Zusammensetzung der Landtage nicht aus, weil die zahlreichen Ritterfamilien stets in der Majorität waren und dadurch, wenn auch keine durch Abstimmung er= reichte Stimmenmehrheit, wohl aber ein thatsächliches Uebergewicht über die beiden anderen Stände gewannen; denn mit der Abstimmung mag es damals noch nicht sehr genau genommen worden sein. Auf einem Landtag, der unter Herzog Casimir 1636 abgehalten wurde, erschienen an Geistlichen nur die Aebte von Banz und Langheim mit Rücksicht auf die Grundbesitzungen ihrer Klöster im Fürstenthum Coburg; ihnen gegenüber standen 45 adelige Rittergutsbesitzer; an Vertretern der Städte waren 9 anwesend. — Eine Vertretung der Landbewohner war aber auch kaum ausführbar. Sie waren Hörige des Adels und der Geistlichkeit, also fast rechtlos. Die hieraus erwachsenen Zustände sind so bekannt, daß ich sie nicht weiter berühre. Von den Henneberger Grafen wissen wir genau, daß sie viele Freilassungen solcher Hörigen verwilligten, womit eine kirchliche Ceremonie, gewöhnlich im Kloster-Veßra, verbunden war.

Die Grafen — und ebenso die sächsischen Herzoge — verliehen solchen Freigelassenen einen kleinen Grundbesitz zur Bebauung, wofür sie sich eine Abgabe entrichten ließen. Und so geschah es fast überall in Deutschland. Diese Abgaben waren keine Steuern, sondern man nannte sie Erbzinsen, welche eine ständige Einnahme der Domanialcassen bildeten. Geradeso verfuhr der Adel und es entstanden dadurch zwei Classen von Bauern, die Einen besaßen Erbzinsgüter der Landesherren und hießen Amtsunterthanen, die Anderen besaßen adelige Erbzins-, güter und hießen Ritterlehnleute. Die Letzteren fanden zuweilen noch Schutz und Vertretung ihrer Interessen auf den Landtagen durch ihre Erbzinsherren, die Ersteren nicht. Und wenn sie auch wirklich hätten vertreten werden sollen — welches Organ wäre dazu geeignet gewesen? Ihnen selbst fehlte jede Capazität und Stellung, und ein Wahlrecht gab es nicht. In den Landtagen saßen zwar zuweilen „fürstliche Beamte" und es scheint, als wäre es ihre Aufgabe gewesen, eine Vertretung des Bauernstandes sich angelegen sein zu lassen. Sie konnten aber gegen das schon erwähnte Uebergewicht der Ritter nichts erreichen und wahrscheinlich nie zu Wort kommen.

Die ständische Verfassung der Territorien war nach ihrer Ausbildung zu Corporationen ein Abbild der Reichsverfassung geworden. Die Landtage dort entsprachen den Reichstagen hier. Beide beruhen auf denselben Verhältnissen und staatsrechtlichen Anschauungen in Deutschland. Eine Volksvertretung im Sinne unserer Zeit war mit diesen Landtagen und Reichstagen nicht geschaffen. Von Letzteren haben wir uns nicht weiter zu unterhalten. Was die Landtage betrifft, so muß man freilich zugeben, daß namentlich in den größeren Territorien die Stände oft thatsächlich einen Einfluß auf die Ausübung der Landeshoheit geäußert haben, der demjenigen der heutigen Landtage fast gleichkommt, das Gegentheil läßt sich aber ebensowenig bestreiten. Wo eine Kraft ist, da wirkt sie und muß wirken und je nachdem diese Kraft überwiegend in den Landtagen oder in der Regierung lag, waren auch ihre Wirkungen verschieden. Die modernen Verfassungen beruhen auf förmlichen Staatsgrundgesetzen mit dem Gedanken der Vertretung des ganzen Volkes, also aller Stände, der Regierung gegenüber. Diese Vertretung bezweckt die Wahrung gewisser Volksrechte und wird ausgeübt durch die aus freier Wahl des Volkes hervorgegangenen Landtage. Die alten ständischen Verfassungen fußten nicht auf Gesetzen, sondern auf thatsächlichem Herkommen mit dem Gedanken der Vertretung bevorzugter Stände und ihrer Standesrechte, namentlich des Steuerverwilligungsrechtes, gegenüber der Landeshoheit und diese Stände vertraten ihre Interessen auf den Landtagen in der Mehrzahl persönlich, je nachdem Grundbesitz oder geistliche Würde sie dazu befähigten. Nur die Städte und geistlichen Stifte sandten ihre Vertreter.

Was nun insbesondere unsere coburgische ständische Verfassung betrifft, auf welche ich im Anschluß an die bisherigen allgemeinen Erörterungen unsere Unterhaltung ausdehnen muß, so weicht ihre Entstehung und Fortbildung von derjenigen der übrigen Länder durchaus nicht ab. Wir erinnern uns zunächst an das schon früher erwähnte Urbarium (Heft I, S. 4), welches bei jedem Ort, den es als zur Pflege Coburg gehörig aufführt, bezüglich der Bewohner die Bemerkung enthält:

„Sie geben Rothbede, trinken Bannwein und frohnen nach Gnade der Herrschaft."

Diese allgemeinen Bede, die erste Form der Steuern, traf den Grundbesitz des Adels und seiner Unterfassen ebenso wie denjenigen aller übrigen Landesunterthanen. Wenn nun aber später der Landesherr diese Bede zu oft verlangte, weil seine Hofhaltung und die oben erwähnten sonstigen Verhältnisse seine Kammermittel überstiegen, so pflegte der Adel dagegen zu protestiren. Er machte geltend, daß ihm der Kriegsdienst, also allerdings eine viel größere Last und Verpflichtung obliege, als den übrigen Unterthanen. Daß er in Rücksicht hierauf zu dem erblichen Besitz seiner Güter gelangt war, erwog er freilich nicht. Gerade in Rücksicht auf diese Kriegsdienstverpflichtung, die in jener Zeit für den Landesherrn den allergrößten Werth hatte, erfreuten sich jene Proteste gewöhnlich eines Erfolgs und die Ritter brachten es dahin, daß Abgaben, die immer häufiger nöthig wurden, von ihren Gütern erst erhoben werden konnten, wenn sie dieselben bewilligt hatten. Hiergegen bedangen sie sich mancherlei Vortheile und Rechte für sich, aber nicht für die übrigen Landesangehörigen, aus und erlangten schon 1423 vom Kurfürsten Friedrich dem Streitbaren die Zusicherung:

„daß die Ritterschaft ohne ihre Einwilligung mit keiner Bede oder Heischung mehr beschwert werden solle."

Und in der That — als bald darauf die Söhne und Nachfolger des Kurfürsten, der Kurfürst Friedrich II. und Herzog Wilhelm, bevor sie ihre Lande in die thüringische und meißen'sche Portion theilten, in dringender Geldnoth eine allgemeine Landbede ohne Weiteres ausschrieben, erhob die Ritterschaft einen so energischen Widerspruch, daß die fürstlichen Brüder einen Convent ihrer Räthe in Leipzig zusammenriefen und dort eine gütliche Einigung mit der Ritterschaft zu Stande brachten, die Fürsten ihr aber dagegen versprechen mußte, innerhalb zweier Jahre keine Abgaben wieder zu erheben — es scheint also vorher viel häufiger geschehen zu sein —, das verwilligte Geld nur zur Schuldentilgung zu verwenden und es den Rittern nicht verargen zu wollen, „wenn sie sich gegen weitere Anforderungen setzen würden," das heißt, man sollte ihnen die Ablehnung der Verwilligung nicht als Verletzung ihrer Huldigung und Unterthanenpflicht anrechnen. — Hiemit hatte die Ritterschaft für sich und ihre Grundholden die Erhebung der Landesbede „nach Gnade der Herrschaft" unmöglich gemacht. Die landesherrliche Willkühr bei Ausschreibung der Staatslasten war beseitigt, nicht die Abgabepflicht selbst. Nachdem sie aber das Bewilligungsrecht der Abgaben errungen hatte (das heißt, das spätere Steuerbewilligungsrecht der Landstände), so fand sie Mittel und Wege genug, ihre Stimme auch in Bezug auf andere Regierungsmaßregeln geltend zu machen, um die Landeshoheit einzudämmen, wenn sich dies auch nicht oft im Einzelnen nachweisen läßt. Erst im sechzehnten und siebzehnten Jahrhundert können wir hierin klarer sehen.

So oft von nun an Fälle vorkamen, wo die gewöhnlichen Einkünfte zur Deckung der Ausgaben nicht ausreichten — und deren waren es wahrlich nicht wenige —, beriefen unsere sächsischen und auch die coburgischen Landesherren die Ritter und, wie wir vorhin kennen gelernt

haben, bald auch die Vertreter der Städte und die geistlichen Würden=
träger an ihren Hof, trugen ihnen die Landesnoth vor und so wurden
von den verschiedenen Ständen die nöthigen Geldmittel zusammenge=
bracht und der fürstlichen Kammerkasse überwiesen. Von einer Rechnungs-
ablegung über ihre Verwendung erfahren wir erst später. Einer der
wichtigsten Landtage dieser Art war Derjenige von Zwickau von 1531,
der in Torgau seinen Abschluß fand. Hier verlangte der Kurfürst
Johann der Beständige von den geistlichen Stiften und von den Klöstern
jährlich den vierten Theil, vom Adel aber jährlich den sechsten Theil
ihres Einkommens und die allgemeine Noth scheint auch die Verwilli=
gung dieser enormen Forderung — aber wahrscheinlich nur auf ein
Jahr — errungen zu haben. Der Adel und die anderen Stände traten
aber dagegen mit einer Masse von Beschwerden und Anträgen auf
und der Kurfürst konnte nicht umhin, Alles aufzubieten, den Ersteren
abzuhelfen und den Letzteren zu entsprechen. Das Resultat eines Land=
tages wurde in sogenannten Landtagsabschieden zusammengefaßt
und der Abschied dieses Zwickau=Torgauer Landtags bildete die Grund=
lage zu einer Landesordnung, die in Coburg am 16. Oktober 1531 zu
Stande kam und zum ersten Mal im Urkundenbuch der von Schultes=
schen Landesgeschichte gedruckt erschienen ist. Gewöhnlich ist sie unter
dem Namen: Torgauer Abschied bekannt. Das ist einer von den
wenigen nachweisbaren Fällen, in welchen der Landtag weit über
Steuerfragen hinausgreifend, seinen Einfluß, ja, seine Macht auch in
anderen Regierungssachen und sogar in der Gesetzgebung geltend machte.
Jener Landtagsabschied erhielt bezüglich des Steuerpunktes noch eine
besondere kaiserliche Bekräftigung im Jahre 1544, in welcher Kaiser
Carl V. aussprach, daß alle Staatslasten gleich vertheilt und der „Adel
ebenso wie der Bauer" verbunden sein solle, ohne Rücksicht auf
Verträge oder hergebrachte Freiheiten, seine Güter zu ver=
steuern.

Ich habe diesen kaiserlichen Ausspruch schon früher (Heft I, S. 51)
erwähnt. Seine eigentliche Stelle hat er aber hier bei der Geschichte
der landständischen Verfassung einzunehmen, wo er den Beweis liefert,
daß es eine rechtliche Steuerfreiheit der Rittergüter schon damals
und überhaupt nie bei uns gegeben hat. Der Kirchengüter erwähnt
der Kaiser zwar nicht besonders; ihre Steuerpflichtigkeit wurde aber
nicht in Zweifel gezogen und in dem auf den Torgauer Abschied sich
gründenden und unter Herzog Casimir erneuerten Steuermandat von

1567 wurden die Prälaten bezüglich der Kirchengüter ausdrücklich als steuerpflichtig bezeichnet.

Daß die Regierungszeit des Herzogs Casimir, in welcher Coburg zum ersten Mal als selbstständiges Fürstenthum in die Reihe der Territorialstaaten eintrat, eben deshalb der Entwickelung der landständischen Verfassung günstiger war, als die früheren Jahrhunderte, wird sich nicht bezweifeln lassen. Aber wir wissen nicht viel Positives davon. Eines Landtages aus der casimirianischen Zeit habe ich früher (Seite 39 des ersten Heftes) schon Erwähnung gethan. Auf diesem Landtage erschienen bereits elf städtische Vertreter. Er beschäftigte sich zwar in der Hauptsache lediglich mit Steuerfragen und mit Beschaffung der Mittel zur Tilgung der während der vormundschaftlichen casimirianischen Regierung zu einer furchtbaren Höhe angewachsenen Schulden des Landes und des fürstlichen Hauses. Aber man kam auch auf einen Gedanken zurück, der bereits auf dem Landtag von Zwickau angeregt und verfolgt worden war. Man ging nämlich damit um, die von den Ständen verwilligten Steuern einer besonderen Verwaltung zu unterwerfen und einen besonderen Kassier und Direktor dafür anzustellen, während bisher alle von den Ständen verwilligten Gelder in die fürstliche Kammerkasse geflossen waren. Die Ritterschaft verlangte diese neue, folgenreiche Einrichtung ganz ausdrücklich vom Herzog Casimir auf dem Landtag von 1631 und folgenreich war sie deshalb, weil die Stände dadurch ihre corporative Eigenschaft und Stellung außerordentlich befestigten und ihrer Mitwirkung bei der Verfügung über jene Kasse einen kräftigen Halt verschafften, so daß sie von nun an der Regierung gegenüber eine Macht hätten gewinnen können, die gewiß vom segensreichsten Einfluß auf das Land gewesen wäre. Aber die Kraft des Willens und der Intelligenz lag nicht bei ihnen, sondern in der gewaltigen Persönlichkeit des Regenten, der selbst mit so klarem Blick und so fester Hand die Zügel der Regierung führte, daß die Wirksamkeit der Stände keinen Boden gewinnen konnte, abgesehen davon, daß diese ihre Stellung thatsächlich nicht auszunützen verstanden, sondern höchstens für ihre ständischen Interessen sorgten, soweit es ihnen gegenüber einem Fürsten, wie Herzog Casimir, gelingen konnte. Als sie die Einrichtung einer besonderen Landschaftskasse verlangten, hatte ihnen der Herzog neue Steuern angesonnen, die für seine Betheiligung am dreißigjährigen Kriege unentbehrlich waren, nachdem er dem Bündniß der evangelischen Fürsten gegen das kaiserliche Restitutionsedict beige-

8*

treten war. Seine Politik zwang also die Stände zur Verwilligung der Steuern und ihr Verlangen, eine besondere Kasse dafür zu errichten, scheint ebenfalls weniger ihrer Initiative, als derjenigen des Herzogs entsprungen zu sein. Die Kriegsunruhen verhinderten zwar die von ihm alsbald genehmigte neue Kasseneinrichtung, aber schon 1636, also nach seinem Tod, trat sie in's Leben und der Herzog Johann Ernst verordnete, daß zu der nunmehrigen „Landschaftskasse" drei Schlüssel geführt werden sollten. Den Einen erhielt sein Geheimer Rath; den Anderen der Vorsitzende des Landtags, der schon das Prädikat „Land= schaftsdirektor" führte, wenn der Herzog die auf ihn gefallene Wahl der Stände bestätigt hatte; den Dritten der Bürgermeister der Stadt Coburg. So sehr diese Einrichtung darauf hindeutete, daß man in den Ständen nur eine Mitwirkung beim Finanzhaushalte erblickte — zu wichtigen Gesetzen, z. B. zu seiner Kirchenordnung hatte Casimir ihren Beirath gar nicht verlangt, während er für sein Gymnasium die Landschaft ausdrücklich zur Kassecontrole und Aufsicht verpflichtete —, so hatten sie doch immerhin eine ansehnliche Stellung erworben. Aber sie dauerte nicht länger als die casimirianische Regierungsperiode. Als mit dem Erlöschen der Dynastie das Fürstenthum zerfiel und ein Theil desselben bekanntlich durch das Loos an Altenburg kam, war von einem coburgischen Landtag keine Rede mehr. Auch der Krieg verhin= derte die Fortentwicklung der ständischen Verfassung. Ich habe früher schon erzählt, daß nach dem Frieden von Münster und Osnabrück (1648) der Adel nur noch Klagen über die durch den Krieg erlittenen Ver= wüstungen seiner Güter und über den Nothstand des Landes hatte, daß er dies Alles aber nur dazu benützte, den Besitz der früher zeit= weise für seine Grundbesitzungen erstrittenen Steuerfreiheit sich von Periode zu Periode, so oft er auf dem Altenburger Landtag erschien, verlängern zu lassen. Der Herzog brachte es nur mit Mühe dahin, daß der Adel ihm urkundlich versicherte, daß er jene Befreiung ledig= lich als eine landesherrliche Gnade ansehen und nicht als Recht be= anspruchen wolle. Hierüber stellte die Ritterschaft unter dem 29. März 1665 den Revers aus:

„Daß sie die bisherige Erlassung der Landessteuer nicht nur mit Dank anerkenne, sondern auch verspreche, diese Erlassung nicht anders, als eine sonderbare fürstliche Gnade halten und zu keiner Consequenz ziehen lassen wolle."

Das waren die zweifelhaften Verdienste der Landstände bis gegen das Ende des siebenzehnten Jahrhunderts. Nimmt man noch dazu, daß die Ritterschaft im Laufe der Zeit außer diesen Begnadigungen nicht unerhebliche Vorrechte erworben hatte und daß zu ihren hauptsäch= lichen Errungenschaften die Gerichtsbarkeit auf ihren Gütern gehörte, deren sich die Territorialherren zu Gunsten ihrer kleinen Vasallen ent= äußert hatten, obgleich sie früher gerade in ihr den wesentlichsten Inhalt ihrer Landeshoheit erblicken mußten, so wird man zugeben müssen, daß dem Land mit dieser landständischen Verfassung kein Nutzen geschaffen und daß ihm durch sie zuverlässig keine Vertretung geboten war. Jene Gerichtsbarkeit des Adels hat sich in der Form der Patrimonial= gerichte bis auf unsere Zeit, und zwar bis in das Jahr 1848, erhalten und wir können aus der damaligen Allgemeinheit, mit welcher man ihre Aufhebung verlangte, darauf schließen, daß sie zu den wesentlichsten vererbten Uebelständen gehörten, welche die alte Verfassung erzeugt hatte und erst jenes ereignißvolle Jahr mit einem Federzug hinwegfegte.

In früheren Jahrhunderten erkannte man nicht an, daß die Vor= rechte der Ritterschaft eine Einschränkung oder Beseitigung verdienten. Sie bestanden durch langjähriges Herkommen zu Recht und wurden unter der Regierung Ernst des Frommen, die nach dem Aussterben des Altenburger Fürstenhauses auch Coburg umfaßte, in der gesetzlichen Form jener Zeit auch formell sanctionirt, womit wir in die letzte Phase der Entwickelung unserer landständischen Verfassung des vorigen Jahr= hunderts eintreten. Jene Sanction liegt in der Landesordnung Herzogs Ernst des Frommen von 1653, die eine Sammlung der verschiedenartigsten allgemeinen, besonders polizeilichen und rechtlichen Verordnungen enthält und auf Wunsch und mit Beirath „der Land= schaft" erlassen und später in Gotha neu redigirt und gedruckt wurde. Diese Landesordnung enthält auch ein Capitel:

„von Sachen, unsere gesammte Landschaft und deren Zusammen= kunft betreffend,"

welches zunächst die fürstliche Zusicherung ausspricht, daß die Landschaft an Prälaten, Grafen, Herren, Ritterschaft und Städten in ihren wohlhergebrachten Rechten und Privilegien geschützt werden solle. Ferner wird den Ständen dort Rechnungslegung über die Ver= wendung der zur gemeinen Landesnoth angesetzten Steuern zugesichert und ausgesprochen, daß es bei der schon vorhin erwähnten Kasseein=

richtung verbleiben solle, ebenso bei ihrer gemeinschaftlichen Verwaltung. Im Uebrigen legt die Landesordnung der Landschaft die Verpflichtung auf, sich gehörig einzufinden, wenn sie berufen werde, alle ihr vorgelegt werdenden Propositionen in wohlbedächtige Berathschlagung zu ziehen und ihr Gutachten darüber abzugeben, an welches der Landesherr nicht gebunden war. Daher hat denn auch die Landschaft zu der bald nach= her (1670) erschienenen berühmten ernestinischen Prozeßordnung nur ihr Gutachten erstattet. Aus diesen beiden umfangreichen Werken der damaligen Gesetzgebung lernen wir auch, daß die Regierung nicht mit der Versammlung aller Landstände, sondern nur mit einem Aus= schuß derselben in geschäftliche Verbindung trat, so daß anzunehmen ist, daß es lediglich Sache dieses Ausschusses war, die Meinungen und Ansichten der übrigen Mitglieder der Landschaft kennen zu lernen und zu verarbeiten.

Während der nun folgenden Ländertheilungen, welche durch Herzogs Ernst des Frommen Tod und durch den coburg=römhild=eisenbergischen Successionsstreit herbeigeführt wurden, erfahren wir von einer Thätig= keit der Landstände nichts von Erheblichkeit. Nur die Fortdauer ihrer Existenz wird aus den Notificationen erkennbar, die sie von einge= tretenen erblichen Länderanfällen und Theilungen durch den Landes= herrn erhielten. In ihrer Organisation trat keine Veränderung ein. So wie wir sie jetzt kennen gelernt haben, finden wir sie zu Anfang des neunzehnten Jahrhunderts wieder; nur die erwähnte Landschafts= kasse erlitt Umgestaltungen, die weiter zu verfolgen aber nicht unsere Aufgabe sein kann. Für jetzt müssen wir diese Untersuchung abschließen; aber die Geschichte der neuesten Zeit unseres Herzogthums wird uns ausreichende Gelegenheit geben, die Stellung der Landstände und die Fortentwicklung ihrer Verfassung wieder in's Auge zu fassen und ich erlaube mir nur noch eine ihre fernere Geschichte vorbereitende Schluß= bemerkung:

Unsere Generation ist gewöhnt, unter „Verfassung" eine gesetzliche Garantie gewisser Volksrechte, und zwar unter bestimmter Betheiligung des Landtages an der Regierung des Staates zu verstehen, eine Garantie, die erst nach Kämpfen, oft sehr heftiger Natur, vom Volk errungen worden ist. Ich erinnere Sie zum Beispiel an die Verfassungskämpfe in Hannover, Kurhessen und Preußen. Zu einem Auftreten, welches einen Kampf mit der Regierung um Verfassungen herausforderte, hatten die deutschen Stände in der Zeit, die wir bis jetzt durchwandert haben, keine Macht und — ich darf es wohl sagen — keine Befähigung. Erst das neunzehnte Jahrhundert erzog uns zu größerer politischen Reise. So konnte denn auch unsere bisher betrachtete landständische Verfassung keineswegs als das Ergebniß eines klar und energisch ausgesprochenen Volkswillens sich kennzeichnen. Nur die mächtigeren Stände des Volkes als solche im Kampf mit den Territorialherren um ihre Interessen haben sie in's Dasein gerufen. Diese Interessen decken aber nicht unseren Begriff von Volksrechten, die zu jener Zeit in Deutschland erst unbekannt, später als staatsphilosophische Theorien Gegenstand gelehrten Streites waren, aber niemals eines Organes sich erfreuten, welches sie hätte geltend machen können. Der staatsrechtliche Begriff der Landeshoheit war durch die nach und nach zur Geltung gekommenen Landtage nicht modifizirt, sondern nur ihre Ausübung und Handhabung war in einzelnen Richtungen beschränkt worden. Man kannte nur politische Rechte der Landeshoheit, die politischen Pflichten derselben fielen nach der alten Anschauung mit den menschlichen Pflichten des Landesherrn zusammen. Er hielt sich im besten Falle nur seinem Gott für verantwortlich, denn von Gottes Gnaden leitete er seine Macht ab. Eine Verantwortlichkeit dem Gesetz gegenüber gab es für sein Gewissen noch lange nicht. Wie grundverschieden hiervon das Wesen unserer modernen Verfassungen ist, habe ich vorhin angedeutet. In jenen alten Anschauungen waren sowohl die Fürsten, als auch die Staatsmänner jener Zeit herangewachsen und erzogen, mit ihnen waren sie vertraut geworden, sowohl theoretisch, wie praktisch und wo die Landtage sich einer Zusammensetzung aus geistiger Aristokratie erfreuten, übten sie unstreitig — selbst wo sie nur eine berathende Stimme hatten — einen wohlthätigen Einfluß. Deshalb haben sich auch die Fürsten und die Minister, welche die Schwelle des neunzehnten Jahrhunderts überschritten und mit ihrer politischen Bildung und Thätigkeit in jenen Anschauungen wurzelten, nur langsam und schwer von den gewohnten Begriffen loslösen können und es ist nicht zu verwundern, daß sich erst das spätere Geschlecht, das heißt, dasjenige unseres Jahrhunderts, der Idee wirklicher Volksrechte und der wahren Repräsentativverfassung zugänglicher gezeigt und die in ihr liegende Umgestaltung des Rechtsbegriffes der Landeshoheit anerkannt, daß es dem lebensfähigen Aufblühen dieser Verfassung keine Hindernisse mehr in den Weg gelegt und in der Constitution vielmehr die einzig wahre und dauernde Stütze und Garantie der Landeshoheit gegenüber den gewaltigen demokratischen Bestrebungen erblickt hat, welche das neunzehnte Jahrhundert in so hohem Maße kennzeichnet.

Das ist der Standpunkt, von welchem ausgehend allein ein richtiges geschichtliches Urtheil über viele Lenker der Staaten aus jener Uebergangszeit auch in unseren kleinen Herzogthümern gefällt werden kann, während das mit der Geschichte weniger bekannte große Publikum bei allen Verfassungskämpfen nur zu sehr geneigt war, jene Männer kurzweg als „Volksfeinde" zu brandmarken und das öffentliche Urtheil über dieselben zu verstimmen und irre zu leiten. Die Auffassung des Rechts und namentlich des öffentlichen Rechts ist immer gewissen Wandelungen unterworfen. Das Recht selbst bleibt ewig und unveränderlich wie die Wahrheit. Der Mensch, der Rechtsgelehrte, der Staatsmann — sie Alle suchen die Wahrheit des Rechts im Privatleben und im Leben des Staates. Jede neue Generation meistert aber die ältere. Wer im Frankfurter Parlament auf der Linken saß, wird heute ein gemäßigter Politiker genannt. Wer zur Zeit der Blüthe der landständischen Verfassungen von Volksrechten sprach, büßte dies im Kerker; wer sie heute verneinen wollte, würde mindestens verlacht werden.

Die Beweise der Wandelbarkeit der Auffassung des öffentlichen Rechtes und die Früchte jenes Strebens nach der Wahrheit desselben werden wir aus den Staatsgrundgesetzen von 1821 und 1852 kennen lernen, welche unser Verfassungsleben in ganz neue Bahnen lenkten und der wirklichen Repräsentativverfassung entgegenführten.